読むだけで法律に強くなる12の物語

もしも高校生のわたしに「法律用語」が使えたら？

木山泰嗣

日本実業出版社

もしも高校生のわたしに「法律用語」が使えたら？　読むだけで法律に強くなる12の物語◉**もくじ**

第1話

高校生が締結した契約って、パパが取り消すことってできるの？

第2話

借りパクされた漫画。盗み返したら、それって違法なの？

CONTENTS

第3話
契約書つくってないから、そんな約束関係ないって、おかしくない？

第4話
パパが学生時代の同級生から、お金を請求されちゃった！

第5話
口がすべって「あげる」っていっちゃったけど、もう逃れられないの？

CONTENTS

CONTENTS

第12話 「証拠はあるのか？」っていうけど、証拠がないと助けてもらえないの？

凡例

本書は、以下の方針でまとめました。

◎ 物語部分は、完全なる架空《フィクション》の世界です。

◎ 読みやすさの観点から、必要に応じてルビ（ふりがな）や傍点《ぼうてん》をつけたり、太字《ふとじ》にしたりしました。

◎ 法学を学んだことがない高校生、その保護者の方、大学生や社会人の方が難なく読めるように、専門的な解説には深入りせず、わかりやすい説明を心がけました。詳細《しょうさい》な法律の解説が必要になったときには、巻末《かんまつ》の参考文献などの専門書等で個別に調べてみてください。

◎ 本書はあくまで、リーガルノヴェルとして、読み物（物語）の側面を重視しています。実際のケースはさまざまですので、現実の世界で困った問題が生じたときには、法律相談を受けるなどされることをおすすめします。

◎ 解説部分では、必要に応じて条文を引用しました。引用されていないものについては、市販の六法（『ポケット六法』〔有斐閣〕、『デイリー六法』〔三省堂〕など）を見ていただくか、インターネットの「e-Gov《イーガブ》」（電子政府）を利用していただければ、現行法の条文を閲覧《えつらん》できます。

ジュリ（湯《ゆ》村《むら》樹《じゅ》里《り》）

主人公。有名大学法学部を志望する高校３年生。学校やアルバイト先の書店などで自分や家族、同級生が巻き込まれる法律のトラブルを、ジャスティン教授からアドバイスを受けながら解決していく――。

ジャスティン教授

ジュリが志望する有名大学の法科大学院（ロースクール）の教授。法曹資格を持つ弁護士でもある。

ケン（富《とみ》野《の》健《けん》）

ジュリの同級生で、ユッコの彼氏。小さいころからの夢はパイロットだったが……。

ユッコ（山《やま》下《した》優《ゆう》子《こ》）

ジュリの親友。ジャスミンティが好きな、CAに憧れる女子高生。ケンの恋人。

伊鵜田計《いうだけい》
（山下筆男《やましたふでお》）

ユッコの父親。村下夏樹をライバル視する作家。執筆した週刊誌の記事が原因で訴えられてしまう。

湯村良男《ゆむらよしお》

ジュリの父親。間もなく結婚20周年を迎える、妻と娘を愛する会社員。友人との間で金銭トラブルが起きる？

キンパツ
（本名不明）

素行の悪い、髪の毛を金色に染めたジュリの同級生。英語の試験では高得点だが……。

本御宇瑠子《ほんおうるこ》

ジュリがバイトしている、街の小さな本屋の店長。

ワカメ（若芽以《わかめい》）

ジュリの同級生で、飛田の彼女。ユッコと二人でアフヌン会をするが……。

飛田《とびた》ナツム

ヘンな日本語を使うジュリの同級生。キンパツから漫画を借りパクしてモメる。

三百代言《さんびゃくだいげん》

伊鵜田氏などを弁護する、裁判で負けない敏腕弁護士。

円回《えんかい》クロ

髪の毛にパーマがかかった自称法学部生。宇瑠子の店の常連客だが……。

鷺須木兼夫《さぎすきかねお》

湯村良男の同級生。勤務する会社のお金を横領し、上司にバレて……。

カバーデザイン：志岐デザイン事務所（萩原睦）
本文ＤＴＰ：一企画
イラスト：斗真なぎ

第1話

高校生が締結《ていけつ》した契約って、パパが取り消すことってできるの？

「その契約は取り消します！」

シーン❶ 期末試験の英語の点数は？

43点か……。

赤丸の数が半分に満たない答案用紙を睨《にら》んだまま、ジュリは目の前《まえ》を通《とお》り過《す》ぎた白いバッタのような物体に目がいく。

なにこれ、白バッタ？

じゃないって、これは……。

「おいこれ、俺のつくった新型バッタの……」

飛行機！　だって、パイロットになるのが、彼の夢……。

「えっ？　バッタなの？　これ」

って、なに。ケンくんじゃなかったの。

ジュリが見《み》つめる英語の答案用紙の先を横切った正体は、紙飛行機ではなく、バッタのかたちに折られた白い紙だった。その飛ばし主《ぬし》は廊下《ろうか》にいて、まだ教室には現《あらわ》れない。

床に着陸……というか、落ちたその白い紙でつくられたバッタも、よく見ると、赤字が見える。って、なにこれ？　折紙《おりがみ》の代わりに答案用紙でバッタをつくって、紙飛行機のよ

第 1 話　高校生が締結した契約って、パパが取り消すことってできるの？

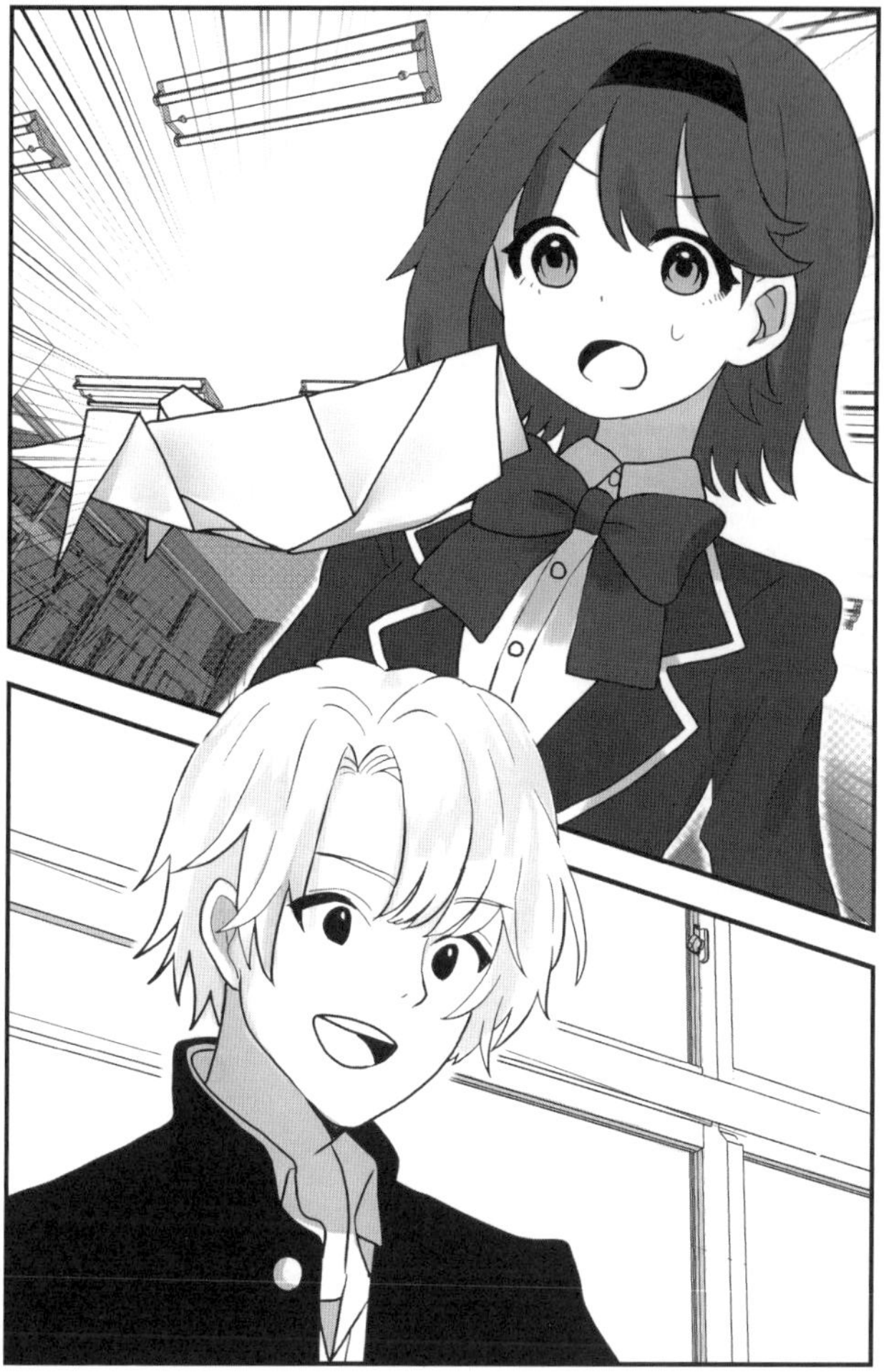

うに飛ばしてたってこと?

「よお。ジュリ。俺だよお」

教室に入ってきたのは、となりのクラスの男子だった。予想していた飛行機好きの、ケンではない。この男子は素行《そこう》があまりよくなく、髪の色も校則がゆるい高校とはいえ、サッカーのワールドカップで2本シュートを決めた選手のように、金髪《きんぱつ》である。

「ああ、なんなのよ、これ。キンパツくんと同じように落ち込んでいた、わたしがなんだか、みじめじゃない」

「おお。おお。ジュリは、43点か」

「な、なによ。他人《ひと》の答案、勝手に見ないでよ。残念ながら、あなたより点数は高いかもしれないけどね。でも、わたしにとっては、ちょっとショックな……」

「なに、いってんねん。ジュリ。俺は、94点や」

「は? えっ? 冗談でしょ!」

「疑うなら、見てみい」というと、キンパツ頭の男子は、床に落ちていた紙飛行機ならぬ紙バッタを広げると、ジュリに点数を見せた。

「きゅ、94点!」

スポーツ万能、成績も優秀で都内の有名大学に進学した先輩と、同じ大学を受けようと、ジュリは日夜《にちや》努力をしていたが、最近、英語の点数が伸び悩んでいた。

平均点が38点という難《むずか》しさだったとはいっても、いつも平均点より10～15点は上の点数だったジュリにとって、今回の期末試験の点数はショックだった。それはまるで、断崖絶壁《だんがいぜっぺき》の前に突きだされたような気分だった。

東京生まれなのに関西弁もどきの話し方をしていたり、となりの高校の男子とケンカをしたり、ワールドカップで一躍《いちやく》スターになった選手に触発《しょくはつ》され、「俺はアンドウや」と、金色に髪を染めてしまったり……と、そんなヤンキーのような男子と比べて、自分の英語の試験の点数は50点も低かった。

そんな事実を受け入れることは、にわかにジュリにはできなかった。

シーン❷ 秘訣《ひけつ》をキンパツから教えてもらうことに……

いちごパフェを美味《おい》しそうに食べるキンパツの男子高校生を睨《にら》みながら、アイスティを少しずつストローですすり続けていた女子高生が口を開いた。

「特大のいちごパフェは、美味しかった？」

満足そうな笑《え》みを浮かべるキンパツの男子高校生に向かって、アイスティをすすっていた女子高生は、「で、そろそろ秘訣を教えてくれない？」と懇願《こんがん》した。

「しょうがない。おまえに教えるつもりなんてなかったんだけどな。これや、これ」

そういうと、キンパツは黒い学ランの金ボタンを上から1つ、2つと外した。「ほら、よう見てみい」というと、首からつり下げていたひものようなものを取り、それを女子高生の前に差し出した。

「なによ、これ。ネックレス？ ……なんて、してたの？ 学ランの下に？」

誰《だれ》も見てないのに……、っていうか学ランの下で誰にも見えないのに、バカみたい、とジュリは吹き出しそうになるのをこらえて、たずねた。

「で、そのネックレスと、英語のあの点数と何の関係が……。ん？ って、まさか……、カンニングとかじゃないよね？ そのひもの先にある砂時計みたいな透明な入れ物の中《なか》に、カンニングペーパーを仕込《しこ》んで、とかだったら。わたし、先生にいうからね」

「おいこら、ひどいこといわへんでくれ。違うわ。この点数は、わしの実力や。と同時にな、不思議《ふしぎ》な力を与えてくれた〝LUMI《ルミ》 BITTON《ビットン》〟のペンダントのおかげでもあるねん」

「えっ。なにそれ。そんなすごいご利益《りやく》のあるネックレスなの、それ。っていうか、ペ

第 **1** 話　高校生が締結した契約って、パパが取り消すことってできるの？

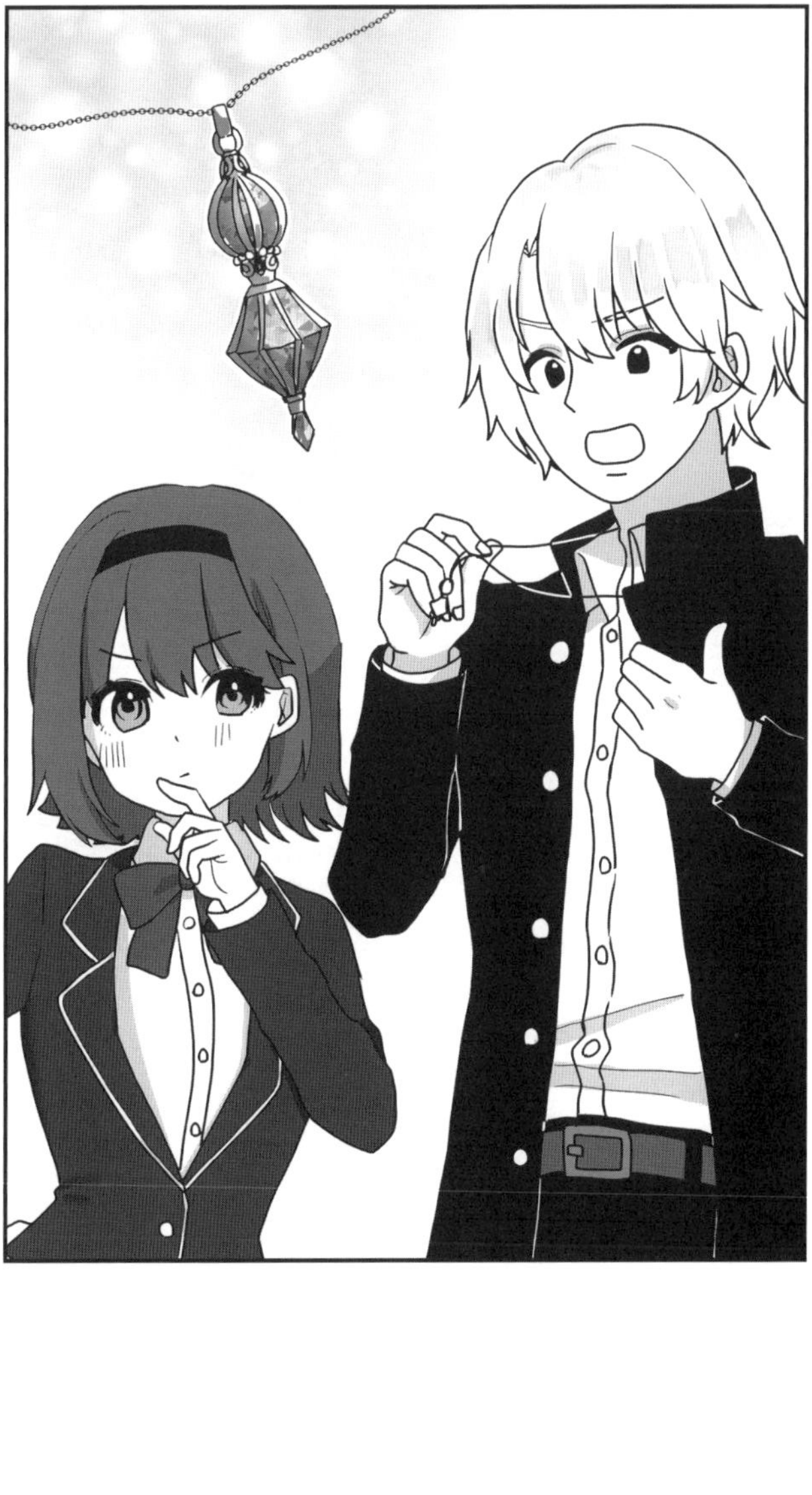

ンダントなのね。で、あの有名なブランドのなの？」

「違うて。そんなブランド、高くてわしら高校生には買えないやろ。バイトしてがんばれば、高校生でも手が届く。これがええところや、このアクセサリーのよさや」

「ううーほしい。それ。どこで売ってるの？　AMIZOM《アミゾン》とか、ネットですぐに買える？」

ジュリは声を上げた。

シーン❸ 恋愛成就《れんあいじょうじゅ》♡　成績アップ♡なら……

ジュリは、キンパツから、その不思議な力がわき起こるという、ペンダントが売られていたオーダーメイドのアクセサリーショップの場所を教えてもらった。

狭《せま》いエレベーターで上がり3階で降りると、「LUMI《ルミ》　BITTON《ビットン》」と紫色で書かれた木彫りの店名案内のあるドアをノックした。

ドアを開《あ》けると、玄関《げんかん》に立っていた全身黒色の男にスリッパを履《は》くよう求められ、それに従うとジュリは、薄暗くお世辞《せじ》にも広いとは思えないマンションの一室に案内された。

店の中に入ると、魔法使いみたいな女性の店員から次のように話しかけられた。

「悩《なや》みを抱《かか》えた高校生が、制服の下に着用するだけで、不思議な力を手に入れています。

たとえば、恋愛成就♡　たとえば、成績アップ♡　たとえば、女子力アップ♡」

「えっ！　恋愛まで！　あこがれの先輩と同じ大学に行けるだけじゃなくて、大学に入ってから……、付き合えるかも！　願《ねが》ったり、叶《かな》ったりじゃん。って、女子力アップで終わるかもだけど……、まあ、それでもいっか。だいたい、こういうのって、うそっぽいけど、ご利益があるかもと思うのがワクワクなんだし、騙《だま》されたと思って……」

「そう。かわいいお嬢《じょう》ちゃん。騙されたと思って……という、いまの言葉。うん、とっても素敵ね。ここにボタンがあるから、もう一度願いをいってみましょう。そのまま、あなた用の特別のストーンをオーダーメイドでご用意するわよ。3万9000円くらい安いわね。あっ、消費税は別よ。でも、サンキュー感を大事にしたいでしょ。39《さんきゅう》だけに」

ジュリは、ちょっと高いなとは思ったものの、ハンバーガーショップのバイトでためた貯金をはたいて、すがる想いで夢に投資してみることにした。

シーン❹　お届けは3週間後になるわよ

ジュリは、その魔法使いみたいな女性の店員に「ここにサインをちょうだい」といわれた〝契約書《けいやくしょ》〟と書かれた用紙に、名前と住所を記載した。

代金は先払い。ジュリは、その場で、現金で支払った。

「お届けは3週間後になるわよ。いまは送料無料キャンペーン中だから、こちらのご住所に郵送するわね」

オーダーメイドのホワイトストーンのペンダント。届くのが、楽しみ！

ジュリは、もう自分の夢や願望が叶《かな》ったような気がして、ワクワクしながら帰宅した。

シーン5 帰宅すると、パパからプレゼント

ジュリが家に帰ると、リモートワークをしていたパパが、ノートパソコンの画面を閉じながら笑顔になると、「ジュリ、お帰り。はい、これプレゼント」といった。パパは、ブルーの綺麗《きれい》なリボンで包装《ほうそう》された包み紙を手渡してくれた。

「わー。なにこれ？　開《あ》けていい？」

「もちろん。気に入ってもらえるといいけどね」

ジュリが包装紙を開けると、中には、英語のわかりやすそうな参考書が3冊入っていた。そこには、小さなホワイトストーンのペンダントもあった。ジュリは一瞬にして、そのかわいいペンダントを気に入った。また、英語の勉強は自分の力でするべきだと、いまさら

ながら自覚した。その一方で、アクセサリーショップでホワイトストーンのペンダントを3万9000円で買ったことを後悔《こうかい》した。

「パパ、ありがとう。わたし、がんばるね」

ジュリは感動して涙ぐむと、すぐに自分の部屋に行き、高校のスクールバッグからいまわしき契約書を取り出した。そして、契約をキャンセルする方法が書いていないかを確認した。

しかし、そこには小さな字でこう書いてあった。

あなたは騙されたと思ってと、このネックレスの効能がない可能性もわかったうえで契約しましたね（あなたの素敵な言葉を録音した音声もあります）。したがって、この契約を、あとからキャンセルすることはできません。

しまった……。ちょっと、なにこれ？　キャンセルしたいんだけど……。

ジャスティン教授の法律アドバイス❶

これって、**詐欺**《さぎ》じゃないんですか？

そのペンダントに願望実現の効果があるかどうか、湯村さんも半信半疑《はんしんはんぎ》だった。それに自分からお店をキンパツ君から聞き出し、自ら買いに行ったわけだ。

たしかに、わたし、魔法使いみたいな店員の人に騙《だま》されて、買ったわけではないです。オーダーメイドのホワイトストーンで3万9000円は、「高すぎ！」ともいえないですからね……。消費税を合わせると、4万円超《ご》えでしたが。

サンキュー価格だったようだし。はははは。

そこ、いらないです、先生。じゃあ、**クーリングオフ**※1とか、できないんですか？

湯村さん、契約を解除《かいじょ》できるクーリングオフのことを知っていたんだね。でも、湯村さんがペンダントを買った店は、電話勧誘販売でも、訪問販売でもないんだよね。**マルチ商法**※2だったとしたら、クーリングオフができる可能性もあるけど。

※1 クーリングオフとは、一定の契約に限り、一定期間、申し込みの撤回または契約を解除できる制度のことです。特定商取引法に規定があります。

※2 マルチ商法とは、商品やサービスを販売しながら、他人を販売員（会員）になるよう勧誘すると紹介料が得られるようになっており、販売員を増やしながら商品やサービスを販売していく商法のことです。

うーん。キンパツくんにパフェをおごって、英語の得点上げた秘訣を聞き出そうとしたのは、わたしでした。なので、全然《ぜんぜん》マルチみたいのでもなかったと思います。実力で英語の点数も94点だったみたいだし。

ところで、湯村さんは、何歳だったかな？

いま、17歳ですよ。え、先生。今度、わたしに誕《たん》プレ（誕生日プレゼント）くれます？

いや……。そしたら、保護者の方の同意をもらっていたの？

それが、その……。相談もしないで、自分で決めちゃったんですよね。って、わたしの誕プレ、無視ですか。

契約書にサインは……？

うん。ばっちりしちゃいました。わたしが、バカでした。って、先生、誕プレー……。

湯村さん、ちょっと見せてくれないか？　その契約書、いまある？

ありますよ。わたしの大失態《だいしったい》サイン付きの……。えっと、これです。

拝見《はいけん》しよう。どれどれ……。おっ！

先生、また、サンキュー価格とかって、からかわないでくださいよ。もう契約しちゃいましたし、それくらい、またバイトして稼《かせ》ぎますから。ハンバーガーショップはもうすぐ終わりなので、また別のバイトを探します！

いや、大丈夫だ。お父さんもお母さんもサインをしていないようだ。

そうなんです。マジで、わたしやってしまいました。パパかママに相談しておけば……って、もう手遅れでした。

湯村さん、違うんだ。**未成年者取消《とりけ》し**ができるよ。そうだね。湯村さんは、こういえばいい。魔法使いの店員さんに、「その契約は、取り消します！」とね。これで、支払っていた代金は全額返してもらえる。もちろん、お父さんお母さんに取り消してもらってもいい。

えっ、ジャスティン先生、ほんとに？

勘違いがあったときに、**錯誤《さくご》取消し**とかもあるんだけどね。

サクゴトリケシ？

いや、混乱するからやめておこう。今回は、保護者の同意をもらっていないので、未成年者取消しができる。

ほんとですか！　わっ。やった！　よかったあ。

後日、ジュリは両親に伝え、両親の名で、未成年者が行った契約について保護者の同意

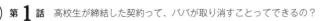

がないことを理由に、売買契約《ばいばいけいやく》を取り消す旨《むね》の書面《しょめん》を郵送した。代金3万9000円と消費税の全額を返金してもらうための銀行口座《こうざ》（振込先《ふりこみさき》）も添《そ》えて。

ジャスティン教授のアドバイスどおり、ジュリが支払った代金3万9000円と消費税は全額その口座に振り込まれ、戻ってきた。

法律用語の使い方①

「その契約は取り消します！」

■第1話で押さえておきたい法律用語

契約／成年年齢の引下げ／成年と未成年／取消し／未成年者の行為の取消し

■解説

未成年者が行った契約は、なぜ、あとから「なし」にできるのでしょうか。法律用語としては、「なし」にすることは、「**取り消す**」という表現を用います。

未成年者でも、物を買ったり、売ったりすることはできます。人に物を売ったり、物を買ったりするのは、売る人と買う人との取り決めがあります。「これを300円で売ります」「それを300円で買います」という、売主《うりぬし》と買主《かいぬし》との約束のことですね。合意《ごうい》といってもいいでしょう。

こうした取り決めのことを「**契約**」と、法律ではいいます。契約についての詳細《しょうさい》は、**民法**《みんぽう》という法律に定められているのですが、この章では、「なぜ、未成年者が行った契約は、あとから取り消すことができるのか」について解説していきます。

そもそも、契約を行うと、たとえば、先ほどのような、物の売り買いである「売買契約」であれば、売主には「その物を相手に引き渡す義務」が生じますし、買主には「その代金を支払う義務」が生じることになります。

それだけ、契約というものは、それによって生じる効果が重要になります。法律上の権利や義務が、契約を交《か》わした当事者《とうじしゃ》本人に発生することになるからです。そこで、民法という法律は、まだ、契約を自分ひとりでするには知識や経験が未熟である「**未成年者**」について、親などの保護者の同意を求めているのです。

つまり、契約の内容を記した「**契約書**」の当事者の欄には、未成年者だけでなく、保護者のサイン（署名《しょめい》または記名押印《きめいおういん》）も必要になるということです。そして、保護者の同意がない場合には、その契約は完全に有効なものとはいえないので、あとから「**その契約は取り消します**」ということができるのです。

契約を取り消すことができるのは、その契約をした未成年者自身と、その保護者になります。物語では、未成年者であるジュリ自身ではなく、保護者である両親が書面を通じて、契約を取り消してくれました。こうして契約などを取り消すことができる人を、「**取消権者**」といいます。誰が取り消すことができるかについても、民法は規定しているのです。

契約を交わすことも、契約を取り消すことも、書面（文章で書かれたもの）でなくても、口頭《こうとう》でもできるのが、民法では原則です。口約束《くちやくそく》でも契約は成立しますし、口頭で契約をなしにすると伝えるのも可能、ということです（詳細は、第3話参照）。

しかし、実際には、それでは証拠が残りませんし、「いった、いわない」でモメる危険もあります。契約の内容や、取り消す理由など、あとから誰が見ても明確に理解できる書面に残しておくことが、トラブル防止に役立ちます。

特に、文書の場合には、作成した年月日の記載も入れておくことで、いつ行われた契約なのか、いつ取り消すことを相手に伝えたのかが、明確に証拠として残ります。

未成年者であることを理由に、契約を取り消すことができるとなれば、未成年者であると知らずに契約をした相手から見たときには、「いつ取り消されるかわからない」という不安定な状態になります。

そこで、未成年者であることを理由に契約を取り消すことができるのは、**消滅時効**との関係で、追認《ついにん》（次ページ参照）をすることができる時から5年間に限られます（消滅時効の詳細は、第4話、第7話参照）。この起算点は、未成年者が成年に達した時になります。また、そもそも、未成年者の側が、自分が成年《せいねん》であるようなふりをする「詐術《さじゅつ》」を使って相手と取引をした場合には、取り消すことができません。

取引をする相手側としては、相手が制服を着ていたり、スクールバッグを持っていたりするなど、高校生や中学生のような外観を見た時点で、年齢を確認するなど気をつけることが必要です。そして、未成年者である場合には、保護者のサインをもらうことが契約の取消しを免れるためには必要となります。

保護者が同意をしていた場合はもちろん、同意なしで契約した場合でも、保護者があとから子どもが契約をしたことに問題ないと認めた場合は、取り消すことができなくなります。これを「**追認《ついにん》**」といいます。

いつ取り消されるかわからないことの不安定を解《かい》消《しょう》したい相手側は、未成年者が**18歳（成年《せいねん》）**になってから、追認するかどうかを催促《さいそく》することもできます。これを「**催告《さいこく》**」といいます。一定期間を定めて、民法の定める手続により催告をしたにもかかわらず、返答がない場合、「追認」したものとみなされ、「**未成年者取消し**」はできなくなります。

さて、そもそも、ジュリは未成年者でしたが、現代の日本の民法では、高校生でも成年である可能性があります。それは「**成年年齢の引下《ひきさ》げ**」がなされ、2022年（令和4年）4月1日から、18歳で成年となる民法の改正があったからです。

改正前は20歳が民法の成年年齢でしたが、現在では18歳から成年です。とはいえ、飲酒《いんしゅ》・喫煙《きつえん》などについては、これまでどおり、20歳にならないとできません。

これらは、民法とは別の法律で規定されているからです。結婚については、民法が規定しているのですが、男女ともに18歳から親の同意なく結婚できるようになりました。改正前は、男子は18歳、女子は

16歳から結婚できましたが、20歳未満の未成年者の場合は、親の同意が必要でした。

選挙で1票を投じることができる選挙権は、民法改正にさきがけて、公職選挙法という法律の改正で、2016年（平成28年）から18歳以上の者に与えられていました。その後の民法改正によって、「成年」の基本年齢は18歳になったのです。

高校3年生で迎える18歳から、「できること」が増えました。その半面、リスクも増えました。この第1話のケースも、高校生のジュリがすでに18歳になっていたら、未成年者を理由とする契約の取消しはできませんでした。

親も子も、早い年齢から気をつけるべきことが増えたといえます。よくなったのは、公認会計士などの国家資格の取得が可能な年齢が20歳から18歳に下がったことなどでしょうか。

混乱が生じたのは、これまで20歳になる年の1月に、各地域で行われていた成人式でしょう。18歳で民法の成年（一般にいう成人）になることに変わったことから、成人式を高校3年生の1月に行うことにするのが本筋とも思えますが、大学受験の直前期です。こうして、実状としては成年年齢が18歳に引き下げられた最初の年（2023年1月）に各地域で行われたセレモニーの多くは、「20歳の集《つど》い」「20歳を祝う式」などに名称を変え、従来どおり20歳になる年の人を祝う会でした。

18歳で何ができるようになったのか、いまでも20歳が基準になっているものは何か、特に中高生の方、保護者の方は調べてみましょう（⬇法務省ウェブサイト「民法（成年年齢関係）改正 Q&A」参照）。民法が成年年齢を18歳にしたことに合わせる改正が、多くの法律で行われました。ただし、法律の目的から20歳を維持したものもあります。

さて、未成年者が行ったことを理由に契約を取り消すと、その契約はどうなるのでしょうか。契約をした最初から「**無効**《むこう》」だったことになると、民法には規定されています。そのため、未成年者取消しをすると、無効であった契約に基づき支払われた代金があれば、受け取った相手は返金しなければならなくなります。

未成年者の側でも、契約に基づき受け取っていた利益があれば、それが残っている範囲で相手に返還する必要があります。なお、利益が残っていなければ返還しなくても構いません。第1話のケースでは、ホワイトストーンのペンダントをジュリは、まだ受け取っていませんでした。そのため、先払いをしていた代金が、魔法使いみたいな店員から返金されることになります。

なお、未成年者でも単独で行うことのできる行為もあります。権利を得るだけだったり、義務を免れるだけだったりする場合です。未成年者に不利益はないからです。

また、親が目的を定めて処分を許した場合や、お小遣いのように、目的を定めずに処分を許したものも、例外として、未成年者が単独で行うことができます。ただし、高額商品の購入は、個別の同意が必要と解されています。

この解説に関連する法律の条文を、最後に挙げておきます。これまでの解説の根拠になる規定です。法律の条文を実際に読んでみたい方は、ぜひ確認してみてください。

◉民法

（成年《せいねん》）

第四条 年齢十八歳をもって、成年とする。

（未成年者の法律行為）

第五条 未成年者が法律行為をするには、その法定代理人の同意を得なければならない。ただし、単に権利を得《え》、又《また》は義務を免《まぬか》れる法律行為については、この限りでない。

2 前項の規定に反する法律行為は、取り消すことができる。

3 第一項の規定にかかわらず、法定代理人が目的を定めて処分を許した財産は、その目的の範囲内において、未成年者が自由に処分することができる。目的を定めないで処分を許した財産を処分するときも、同様とする。

（制限行為能力者の相手方の催告権《さいこくけん》）

第二十条 制限行為能力者の相手方は、その制限行為能力者が行為能力者（行為能力の制限を受けない者をいう。以下同じ。）となった後、その者に対し、一箇月《かげつ》以上の期間を定めて、その期間内にその取り消すことができる行為を追認《ついにん》するかどうかを確答《かくとう》すべき旨《むね》の催告をすることができる。この場合において、その者がその期間内に確答を発しないときは、その行為を追認したものとみなす。

2 制限行為能力者の相手方が、制限行為能力者が行為能力者とならない間に、その法定代理人、保佐人又は補助人に対し、その権限内の行為について前項に規定する催告をした場合において、これらの者が同項の期間内に確答を発しないときも、同項後段《こうだん》と同様とする。

（略）

※1 民法第五条の「法定代理人」とは、法律によって代理権を有する人を指し、未成年者の法定代理人は、未成年者の保護者、つまり親のことです。また、親権者がいないか、親が子の財産の管理権を持っていないときは、未成年後 見人が法定代理人となります。

※2 民法第二十条の「制限行為能力者」とは、自らの意思に基づいて判断ができない、または法律行為をすることのできない者のことで、具体的には未成年者、成年被後見人などです。

（制限行為能力者の詐術《さじゅつ》）
第二十一条　制限行為能力者が行為能力者であることを信じさせるため詐術を用いたときは、その行為を取り消すことができない。

（取消権者）
第百二十条　行為能力の制限によって取り消すことができる行為は、制限行為能力者（略）又はその代理人、承継人《しょうけいにん》若《も》しくは同意をすることができる者に限り、取り消すことができる。

（略）

（取消しの効果）
第百二十一条　取り消された行為は、初めから無効《むこう》であったものとみなす。

（原状回復《げんじょうかいふく》の義務）
第百二十一条の二　無効な行為に基づく債務の履行として給付《きゅうふ》を受けた者は、相手方を原状に復《ふく》させる義務を負《お》う。

（略）

（取り消すことができる行為の追認）
第百二十二条　取り消すことができる行為は、第百二十条に規定する者が追認したときは、以後、取り消すことができない。

（取消し及び追認の方法）
第百二十三条　取り消すことができる行為の相手方が確定している場合には、その取消し又は追認は、相手方に対する意思表示《いしひょうじ》によってする。

（取消権の期間の制限）
第百二十六条　取消権は、追認をすることができる時から五年間行使《こうし》しないときは、時効によって消滅する。行為の時から二十年を経過したときも、同様とする。

（略）

（婚姻適齢《こんいんてきれい》）

第七百三十一条　婚姻は、十八歳にならなければ、することができない。

◉二十歳未満ノ者ノ飲酒《いんしゅ》ノ禁止ニ関スル法律

第一条　二十歳未満ノ者ハ酒類ヲ飲用スルコトヲ得ス

（略）

◉二十歳未満ノ者ノ喫煙《きつえん》ノ禁止ニ関スル法律

第一条　二十歳未満ノ者ハ煙草《たばこ》ヲ喫《きつ》スルコトヲ得ス

◉公職選挙法

（選挙権）

第九条　日本国民で年齢満十八年以上の者は、衆議院議員及《およ》び参議院議員の選挙権を有する。

第2話

借りパクされた漫画。盗み返したら、それって違法なの？

「自力救済《じりききゅうさい》は禁止されてるよお」

シーン❶ 英語の点数が伸びた秘訣は別にある？

スターポックスカフェ（通称、スタポ）で、いちごのフラペチーノを片手に、ひとり英語の勉強をしている男子高校生がいた。

髪の毛は金色に染められているが、フラペチーノを飲みながらも、本を読んだり、手を動かしたり、ぶつぶつ小声でつぶやいたりする態度は、真剣そのものである。

「この前、女子から突然おごってもらったパフェも美味《おい》しかったけど、スタポの新作も、うまいわ。英語の点は、94点に伸びた。しかし、次のテストで、わしは95点以上を狙うんや」

英語の勉強にふつふつと燃えるキンパツの男子高校生は、そういうと、両手に広げていた分厚《ぶあつ》い本を閉じた。

そのとき、カウンターのテーブルに置かれた、その本の表紙を凝視《ぎょうし》する者がいた。右どなりに座っていた、別の男子高校生である。トレイの上にあるストロベリードーナツにも、ホットコーヒーにも手をつけず、となりのカウンター席に置かれた分厚い本を見ている。

シーン❷ ドーナツを差し出してでも、借りたい本？

「ん？ コーヒーの香りとともに、わしの好きな匂《にお》いが、右からやってきたようや」

キンパツが、右どなりの席を見ると、同じクラスの男子高校生がいた。

「なんや、おまえ。トビタやないか。こんなところで、なにしとる？」

そういうと、キンパツは、トビタのカウンター席のトレイに置かれた、ピンク色のドーナツをまじまじと見始める。

「キンパツよお。こんなところで奇遇《きぐう》だなあ」と、トビタはいった。

「ところで、英語の勉強してるのかあ。真面目《まじめ》だなあ」

「そ、そや。それは、わしも大学に行きたいからな。志望校もあるし……」

キンパツは、不意に、カウンター席に置かれていた本を裏返しにした。

「面白《おもしろ》そうな本だなあ。それ」と、トビタは目を輝《かがや》かせた。「そういえば、うわさで聞いたんだけど、この前の期末の英語よお。２９４点だったみたいだなあ」

「誰から聞いたんや。あ、もしや？ あの……女子か、そんなことより、１００点満点の試験で、２９４点もとれるわけないやろ。自分、94点の間違いやろ」

「94点だって、ものすごく高い点だよなあ。なにか秘訣があるのかなあと思ってよお。さっき、その分厚《ぶあつ》いよお、いま裏返した本の表紙が、ちらっと見えたけどよお……」

「ああ、これか。これは……、ただの漫画《まんが》や。ギャグ漫画や、恋愛的な……」

「漫画なのかあ。でも、『英語の力が30倍伸びるかも？』というタイトルが見えたんだよなあ」

「ま、まあ。そんなタイトルやったかもしれへんけどな。でも、これほんまに、漫画なんや。ほれ」

キンパツはその本を手に取ると、中身をパラパラとめくり、トビタに見せた。それは、たしかに、漫画であった。

「でも、それ読んで、94点とったってことなんだろうなあ。俺、ものすごく読みたいなあ。その本。俺なんて、この前の英語よお。たったの3点だったんだよお。これが30倍になったら……、な、70点になりそうだなあ」

「算数から間違えとるやないか。3点の30倍なら、90点やろ」

「そうかあ。でも、それなら、ますます読みたいよお。あっ、そうだ」

「な、なんや」

「このドーナツ、美味しそうだろう。おまえ、たしかイチゴが好きだったよなあ」

キンパツは、トビタのピンク色のドーナツを見ると、にやりとした。

「わかった。ほな、こうしよ。そのストロベリーのドーナツをくれたら、代わりに1日だけ貸してもええよ」

「なんだよお。1日だけかよお。けちなところあるなあ。まあ、でも交渉成立だよお」

シーン❸ 返してもらえないなら、力づくでも……？

結局、キンパツがストロベリードーナツと引き換えに、しぶしぶ1日だけ貸した『英語の力が30倍伸びるかも？』という漫画は、1週間たっても返却されなかった。

学校で会うたびに、「あの漫画やけど……」とキンパツはトビタに声をかけた。しかし、決まって、「ごめんよお。忘れちゃったよお。明日持ってくるよお」という答えが返ってくるだけだった。

毎日、学校で同じことを聞いてもダメだと思ったキンパツは、漫画を貸したスターポックスにもちょくちょく行ってみたが、トビタを見つけることはできなかった。

キンパツは、次の試験に向けて、あの漫画を繰り返し読みたかった。英語の勉強方法の詳細《しょうさい》は書かれていないが、勉強の意欲、モチベーションが異様《いよう》に高まるからだった。

スタポのカウンター席で、いちごのフラペチーノを飲みながら、ストロベリードーナツをやけ食いしていたキンパツの耳に、後ろのテーブル席から、女子高生の会話が入ってきた。

シーン❹ うわさ話から、解決の糸口が見つかる?

「この前さ、笑っちゃったんだけど、変なタイトルの漫画が、廊下《ろうか》の男子のロッカーから床に落ちてきてさ。わたし、ちょうど近くを通ったところだったから、拾《ひろ》ってあげたの。それで、その拾ってあげた漫画をさ、彼に渡したらね。『お、おまえ、この本のことはいうなよお』とか、突然、顔赤くしていい始めたわけ」

「ウケる。なに、その赤面男子《せきめんだんし》。で、どんなタイトルだったの、その漫画」

「えっとね、英語の力が300倍？ なるかも？ みたいな」

「うわ、やば。おかしすぎる。なるわけないでしょ！ それ読む男子、レベル低《ひく》！」

キンパツの心には、怒《いか》りの炎がともった。

「なんで、あいつのせいで、熟読《じゅくどく》しているわしまで、レベル低《ひく》、いわれなあかんねん。でも、そうか。学校の自分のロッカーに、しまっとるんやな。あいつの暗証番号《あんしょう》さえわかれば……。ん？　そうか。トビタ……か！」

そや……。キンパツは、ニヤリとした。あいつの名前は、飛田《とびた》ナツム……やったな。

シーン❺　暗号解読《あんごうかいどく》は簡単だった？

トビタナツムが、翌日登校すると、教室の横の廊下にある個人ロッカーの中にしまっておいた、キンパツから借りパクした漫画がなくなっていた。

トビタはあせって、周囲に聞き込みをすると、演劇部の女子から、貴重な証言を得た。

それは、次の2点である。第1に、前の日の放課後の遅い時間に、誰もいない薄暗《うすぐら》い廊下のロッカーの前で、帰宅部《きたくぶ》のはずのキンパツに遭遇《そうぐう》したという。第2に、そのときに、「この漫画の存在こそが、みなもとだったんや」と、不気味《ぶきみ》に笑《わら》っていたという。

トビタは、1日だけの約束で借りた漫画を、すぐに返さなかった。そのことが、悪いことはわかっていた。ただ、漫画とはいえ、分厚い本でなかなか読み終えられなかった。

そこで、しばらくの間、もう少しだけ借りていたかっただけで、永久に自分のものにするつもりはなかった。

実際、キンパツは94点もとったのだから、すぐにこの漫画を読む必要もないだろうとも思った。それでも、借りた本だから、なくさないように、学校のロッカーで保管していたのだ。それを図書室で少しずつ読み、読み終わったら返す予定だった。

しかし、キンパツは、自分の本を取り返すためとはいえ、他人のロッカーを承諾《しょうだく》も得ずに勝手にこじ開《あ》け、漫画を抜き取った。「これは、ひどいことだよお」と思った。

トビタがロッカーの暗証番号を「１０７２６《トナツム》」という、名前そのもので、わかりやすい番号にしていた過失《かしつ》は、別として……。

ひどいよお。キンパツよお。一時的な借りパクは俺の責任だとしても、私物《しぶつ》の入った個人ロッカーをこじ開けてまで、取り返すなんてよお……。

こんなこと、許されないよお。

ジャスティン教授の法律アドバイス❷

これって、**窃盗《せっとう》**になるんですか？　キンパツくんにとっては、自分の本ですよね。

うん。どっちも、どっちだね。でも、法律から見ると、どうなるだろう？

キンパツくんからすると、トビタくんに借りパクされたと思い込んでいた。1日だけの約束で貸したのですから、悪いことだと思います。1週間以上も、返さなかったみたいですし。でも、トビタくんからすれば、勝手に個人のロッカーを開けられて、中身を盗まれたことにもなるなんて……。なんだか、複雑です！

自分の鍵つきのロッカーの中に、閉まっておいたわけだからね。ただ、当然ながら、キンパツくんには、自分の**所有物**である『英語の力が300倍伸びるかも？』という漫画を「自分に返せ」と、トビタくんに請求できる権利はある。

先生、30倍です。そこ、間違えないでください。

そうだった。はははは、失礼。さて、このように、自分の**権利を行使《こうし》**する場合でも、その権利の行使の仕方を間違えると、社会的によくないことになるのは、わかるかな？

そうですね。たとえば、わたしがジャスティン先生から借りた法律の本を返さなかったからといって、先生がわたしの自宅に断りなく夜中に侵入してきたら……。って、こわすぎます。先生、やめてほしいです！　そんなこと……。正直、かなりキモいですね。

おいおい。その例は、抽象的《ちゅうしょうてき》には適切といえるかもしれないが、わたしがそんな悪人にされている点では、適切ではないだろう。例を変えてほしいな。まあでも、そういうことだ。

変な例で、すみませんでした。リアリティがあって、わたし的には、とってもわかりやすかったのですけど。

まあ、そこはわかりやすい例として、よしとしようか。さて、他人の鍵つきのロッカーを本人に断りなく、暗証番号を探って中を開ける行為だ。これが違法《いほう》であることは、間違いない。ロッカーの中にあるものを奪ったら、他人の物を盗《ぬす》んだということで、**窃盗罪**《せっとうざい》になる。

わかります。でも、この場合、キンパツくんは、「しかし、これ、わしのものやからな」とか、いいますよね。絶対！　実際、キンパツくんの漫画ですし。

そこだよ、問題は。トビタくんから、貸した本を返してもらえなかったキンパツくんは、いくら返してと督促《とくそく》しても返してもらえず、はぐらかされた。それで……。

ついに、**実力行使**に出た！

そのとおり。これは、「**自力救済**《じりききゅうさい》**の禁止**」と呼ばれる問題になるよ。自分の権利を行使しようとする場合ですら、違法な手段を使ってはならないんだ。極端な話、娘を殺された父親が、犯人を見つけだし、復讐《ふくしゅう》のために犯人を殺したら……？

たしかに、それは**殺人罪**《さつじんざい》だと思いますね。でも、殺されそうになったから、身を守るために反撃したのであれば、**正当防衛**《せいとうぼうえい》とかになりませんか？

そういうケースならね。でも、今回の場合は、正当防衛になっていない。キンパツくんの気持ちも、わからなくはないが。そして、これはあくまで、学内の生徒同士の間で起きた「漫画」１冊をめぐる問題でもある。だから、被害を警察署に届け出るなど、警察沙汰《けいさつざた》にするほどのことではない、とは思う。ここでトビタくんにアドバイスするとすれば、キンパツくんに対して、「自力救済は禁止されています！」という法律用語を使って、ロッカーを勝手に開けられたことは非難したらよい、ということだ。権利の行使といっても、違法な手段を使ってはなりませんとね。でも同時に、自分の借りパク疑惑については、謝《しゃ》罪《ざい》すべきだね。

なるほど、ジャスティン先生、勉強になります！

後日、トビタは、ジュリからのアドバイスを受け、キンパツに「自力救済は禁止されてるよぉ。人のロッカーを勝手に開けたのは、違法だよぉ。もう2度と、こういうことはやめてくれよぉ」と伝えた。そして、推測《すいそく》されやすい暗証番号は、以後変えることにした。

ただし、自分が1日だけの約束で借りた漫画を1週間以上返さず、断りなく自分のロッカーで保管していたことについては、謝罪した。そして、読み終わったら返すつもりであったことを真摯《しんし》に伝えた。

それぞれに非があったことの自覚はあったことから、謝罪し合い、今回の件については、お互いになかったことにした。

法律用語の使い方②

「自力救済《じりききゅうさい》は禁止されてるよお」

■第2話で押さえておきたい法律用語

犯罪／窃盗罪／正当防衛／違法性／自力救済の禁止／使用貸借契約

■解説

自分の権利を行使《こうし》する場合でも、その手段として**違法**《いほう》な方法を用《もち》いてはいけません。これは、なぜでしょうか。

1日だけといって貸したのに、1週間以上たっても返してもらえない漫画。貸した漫画は、自分のものです。それを取り戻そうとして、何が悪いのでしょうか。

このように考えたのが、『英語の力が30倍伸びるかも?』という漫画をトビタに貸したキンパツの気持ちでしょう。他人の鍵つきのロッカーを勝手に開け、中《なか》から漫画1冊を抜き取ったといっても、その漫画自体《じたい》は自分のものだからです。

「自分の所有物《しょゆうぶつ》を取り返して、何が悪いんや」と、キンパツは考えていたことでしょう。ただ、もし、このようなことが許されるとすれば、次のようなことも許されることになってしまいます。

それは、たとえば、盗まれたものを取り返すために、窃盗犯《せっとうはん》の家に忍《しの》び込み、それを取り返すことです。また、ナイフをつきつけられ脅《おど》されて奪《うば》われたお金を取り返すために、その強盗犯《ごうとうはん》に対して、後《ご》日《じつ》、逆にナイフをつきつけ脅して、そのお金を奪い返すことです。

今回は、自分の通《かよ》う高校の廊下《ろうか》にあるロッカーの前に放課後に行くことは、その学校の生徒には許されており、違法なことではありません。この点では、被害者が、他人の家に侵入する**住居侵入罪**《じゅうきょしんにゅうざい》や、他人に暴行や脅迫《きょうはく》をして物を奪う**強盗罪**《ごうとうざい》にあたる行為をしているケースとは違います。

しかし、鍵つきの個人ロッカーを勝手に開けることは、中にある他者《たしゃ》の占有物《せんゆうぶつ》を許可《きょか》なく奪おうとして行っているのであれば、その時点で、**窃盗罪**《せっとうざい》になり得る行為に着手していることになります。そうすると、仮にそのものを盗まなかったとしても、**窃盗**《せっとう》**未遂罪**《みすいざい》にはなります。

犯罪を実行する行為に着手して、犯罪の結果は発生しなかった場合でも、刑法はこれを、「**未遂罪**」として処罰する場合があるからです。

この点で、第2話のキンパツがトビタのロッカーをこじ開けた行為は、犯罪行為を手段として使いながら、自分の物を取り返そうとした例といえます。自分の権利を行使するためには、**法治国家**《ほうちこっか》では裁判所を利用することが求められます。窃盗犯も強盗犯も、警察官による捜査《そうさ》で逮捕《たいほ》され、検察官《けんさつかん》によって裁判所に起訴《きそ》されます。そして、裁判で有罪判決《ゆうざいはんけつ》が出ることで、刑罰《けいばつ》が科されます。

こうして、**犯人に対する制裁**《せいさい》**は、国が行う**ことになっています。国に権力があるといわれるのは、こうした強制力を持っているからです。もちろん、これらは、**刑事訴訟法**《けいじそしょうほう》などの法律に基づき、国家公務員である警察官や検察官、そして裁判官が関与して裁《さば》きを与えることになります。

こうした裁判は「**刑事裁判**《けいじさいばん》」なので、罪《つみ》を犯《おか》したと疑われる**被疑者**《ひぎしゃ》、そして起訴《きそ》された**被告人**《ひこくにん》を裁くものに過ぎません。もちろん、その手続のなかで押《おう》収《しゅう》された被害者が取られた物《もの》（被害物品《ひがいぶっぴん》）があれば、あとで返してもらうことも可能です。

しかし、犯罪行為ではなく、単に貸したお金を返してもらえない場合、物を売ったのに代金を払ってもらえない場合などもあるでしょう。今回も、トビタ自身の弁解によれば、借りパク（人から借りた物を、自分のものにしてしまおうと、パクる〔盗む〕意思の下で返さないこと）をしようとしていたわけではないようです。

そうだとすれば、返すべきものを返さない点で、トビタには、その漫画をキンパツに返す義務がありました。これは、「**民法**《みんぽう》」という、私人《しじん》（国や地方自治体などの国家権力の担い手ではない、一般市民のこと。会社などの法人も含む。）と私人の間で生じる権利や義務を定めた法律によって定められており、犯罪と刑罰《けいばつ》を定めた「**刑法**《けいほう》」の対象ではありません。

この点で、キンパツはトビタに漫画を返せと請求できる権利をたしかに持っていたことになります。二人の間には、民法の定める、使用料なしで物の貸《か》し借《か》りを約束する「**使用貸借契約**《しようたいしゃくけいやく》」が成立しているからです（契約書はなくても、**口頭**《こうとう》**でも契約は成立します**）。そして、約束した期限を過ぎているからです。

そうすると、正当な権利行使をしているようにも、一見《いっけん》見えます。しかし、ロッカーこじ開けという違法行為を手段として使ってしまった点が、問題でした。法は、権利行使といっても、法律の定める裁判所などの国家権力を頼らず、自分で実力行使に出ることを禁止しています。これを、「**自力救済**《じりききゅうさい》**の禁止**」というのです。

自力救済が禁止されているのは、こうした実力行使を個人にさせてしまう社会は、無秩序なものになり、安心して暮らせる環境とはいえないからです。悪いことをする人も世の中にいますが、そうした人に対する対応は、法律の定める手続を利用しよう、ということです。

ちなみに、刑法は、犯罪と刑罰を定めるものですが、犯罪は、法によって許されない「悪い行為」を対象に定められたものです。よって、犯罪にあたる行為は「違法」です。

しかし、相手から権利や生命や身体などを侵害されそうになったときに、それを守るために、やむを得ない反撃をすることを、刑法は認めています。これを「**正当防衛**《せいとうぼうえい》」といいます。刑法の定める正当防衛にあたれば、違法な行為ではなくなり、犯罪にはなりません。防衛のためにしたやむを得ない行為は、社会的に許容されるべきだからです。

相手が殴りかかってきたので、身を守るために殴り返すなどの行為は、その反撃が防衛行為として許容される範囲のものであれば、たとえば、相手をケガさせたとしても「**傷害罪**《しょうがいざい》」にはなりません。しかし、正当防衛は、「**急迫不正の侵害**《きゅうはくふせい》」に対してのみ行えるものです（正当防衛の詳細《しょうさい》は、第9話参照）。

急迫、つまり緊急性がないと、正当防衛にはならないのです。キンパツが行った行為が、たとえば、スターポックスカフェのカウンター席で、目を離したすきにトビタが勝手に漫画を奪って店内から逃走した場合に、それを追いかけて捕まえたり、奪い返したりすることは、正当防衛になり得ます。

しかし、第2話のケースでは、そういった「急迫不正の侵害」があったわけではありませんでした。したがって、ロッカーをこじ開けて漫画を取り去った行為は、正当防衛にはならないのです。

もっとも、学校内の友人同士の話ではあるため、警察沙汰《ざた》にすることは適切ではないでしょう。刑法上、キンパツの行為が窃盗罪にあたるものだとはいえ、です。

窃盗罪は、他人の財物《ざいぶつ》（他人が**占有**《せんゆう》する物）を、その者の意思に反して奪う行為です。キンパツが取り去った漫画は、自分の物だったとはいえ、借りているトビタの個人ロッカーに保管されている物でした。そのため、トビタが「占有」していたことになるからです。

この解説に関連する法律の条文を、最後に挙げておきます。これまでの解説の根拠《こんきょ》になる規定です。法律の条文を実際に読んでみたい方は、ぜひ確認してみてください。なお、「自力救済の禁止」は、法律には明文の定めはありませんが、この解説で説明してきたように解釈されています。

◉刑法

（正当防衛）

第三十六条　急迫不正《きゅうはくふせい》の侵害に対して、自己又は他人の権利を防衛するため、やむを得ずにした行為は、罰しない。

2　防衛の程度を超えた行為は、情状《じょうじょう》により、その刑《けい》を減軽《げんけい》し、又《また》は免除することができる。

（住居侵入等）

第百三十条　正当な理由がないのに、人の住居《じゅうきょ》若《も》しくは人の看守《かんしゅ》する邸宅《ていたく》、建造物若しくは艦船《かんせん》に侵《しん》入《にゅう》し、又は要求を受けたにもかかわらずこれらの場所から退去しなかった者は、三年以下の懲役《ちょうえき》又は十万円以下の罰金《ばっきん》に処《しょ》する。

（傷害《しょうがい》）

第二百四条　人の身体《しんたい》を傷害した者は、十五年以下の懲役又は五十万円以下の罰金に処する。

（暴行）

第二百八条　暴行を加《くわ》えた者が人を傷害するに至《いた》らなかったときは、二年以下の懲役若しくは三十万円以下の罰金又は拘留《こうりゅう》若しくは科料《かりょう》に処する。

（窃盗《せっとう》）

第二百三十五条　他人の財物《ざいぶつ》を窃取《せっしゅ》した者は、窃盗の罪《つみ》とし、十年以下の懲役又は五十万円以下の罰金に処する。

（他人の占有等に係る自己の財物）

第二百四十二条　自己の財物であっても、他人が占有し、又は公務所の命令により他人が看守するものであるときは、この章の罪については、他人の財物とみなす。

（未遂罪《みすいざい》）

第二百四十三条　第二百三十五条から第二百三十六

※　刑法第二百四十二条の「公務所」とは、公務員が職務を行うため国または公共団体によって設けられた場所のことです。

条まで、第二百三十八条から第二百四十条まで及び第二百四十一条第三項の罪の未遂は、罰する。

◉民法

（使用貸借《しようたいしゃく》）

第五百九十三条　使用貸借は、当事者《とうじしゃ》の一方がある物を引き渡すことを約し、相手方がその受け取った物について無償《むしょう》で使用及び収益《しゅうえき》をして契約が終了したときに返還《へんかん》をすることを約することによって、その効力を生ずる。

第3話

契約書つくってないから、そんな約束関係ないって、おかしくない？

「口約束でも、契約は成立しています！」

シーン❶ 古書店街《こしょてんがい》で見つけた1冊の本

ワカメは、3週間後にやってくる交際相手の誕生日プレゼントに、何をあげようか迷っていた。そんなある週末。石焼きパンケーキのお店を出ると、彼女は古書店が並ぶ通りを、彼と二人《ふたり》でゆっくりと歩いた。

街《まち》ゆく通行人の目にも入るように、マニアックな古本が店の外の陳列棚《ちんれつだな》にもたくさん並べられている。あまり見ない有名な古書店街の景色の1つとしてしか、ワカメは認識していなかったが、ある古書店の前で彼から「ちょっと、見てもいいかよお」といわれ、歩みを止めた。

「こんな古い本に、興味あるの？　あっ、もしかして、この前の英語の漫画《まんが》？」と、ワカメが聞くと、「違うよお。漫画はそんなに高い本じゃないから、この前、自分で買ったんだよお。結局、学校のロッカーに入れっぱなしで、読んでないけどよお」と答えた。

「じゃあ、なに？　こんな埃《ほこり》かぶった黄色い本の中に、どんな本があるの？」

「こ、これだよお」

「えっ？　なにこれ？」

ワカメが彼から見せてもらった古本の表紙には、『日本の縄《なわ》の歴史』と書いてある。そして、その本に貼《は》られた値札《ねふだ》を見た彼は「け、けっこう、高いんだなあ」と唸《うな》った。

「縄にも歴史なんてあるんだね」

「そ、そりゃあ、どんなことにも歴史はあるんだよお」

「で、いくらなの？　その古本？」

「いま見たら、それが、1万6000円もするんだよお」

「こんな汚い本が、そんなにするんだ？」

「でも、欲しいんだよお」

で、でも欲しいって、なにこの人。子どもみたい。ワカメは絶句《ぜっく》しそうになったが、そんなところも、かわいいんだよねと、自分の選んだ彼氏の魅力《みりょく》を改めて確認する。

見上げると、「夢売古書店《ゆめうりこしょてん》」という、横書きのお店の看板が目に入った。

シーン❷ 夢売古書店、再訪

後日《ごじつ》、ワカメは夢売古書店を再訪《さいほう》した。

そして、お店の前の陳列棚にお目当ての古本が残っているのを確認すると、奥のレジに座《すわ》っていた店主《てんしゅ》と思われる老人のところに向かい、「すみません」と声をかけた。

「なんじゃね、お嬢《じょう》ちゃん。ずいぶんと変わった本を、手に持って」

「あ、いや……。その、この本なんですけど……」

「この本かね。えーと、『日本の縄の歴史』！」と、老人は突然、本のタイトルを大きな声で読み上げた。

「ちょっと、なに？　やめてくださいよ。恥《は》ずかしい」

ワカメは、自分がこんなタイトルの本を手に持って、老人の前に立っていることが、とても恥ずかしくなってきた。といっても、放課後の古書店には、二人以外に人はいなかった。

「とにかく、早く買いたいので、お願いします。それと、こういうお店で可能なのかわかりませんが、できたら、プレゼント用に包装《ほうそう》してもらえたら助かります」といいながら、古びた店内にそのようなグッズはなさそうだったので、ワカメは「あ、なければ、自分でラッピングするので、いいです」と補足した。

「ずいぶんと、急いでいるんじゃね。包装はできるけど……」

えっ、できるの？　ワカメは、驚くと同時に、そのあとにやってくる言葉に不安を覚えた。

「申し訳ないが、その本は、ちょうど昨日値上げをしたところでな」

「えっ？」

ワカメは、3日前に彼と確認した「1万6000円」がその本の値段であることを前提に、「ちょっと高いけど、彼がすごく欲しそうだったから」と、一大決心《いちだいけっしん》をして、この夢売古書店を再訪したのだった。同じ値段と思いこみ、今日は値札を確認していなかった。

しかし、ワカメが値札を確認すると、「1万6000円」と書いてあった。

なんだ？　わたしたちが見た値段が値上げ後だった……ということか。なら、よかった。

ん？　でも、ここにきたのは3日前のはずだけど、このおじいちゃん、値上げしたのは昨日って、いってたよな。まあ、おじいちゃんだし、昨日も3日前も同じなのかな。

「1万6000円ですね。では、これ買います」と、ワカメは即答《そくとう》した。しかし、店主と思われる老人は、「うーむ」と低い声を絞《しぼ》りだすと、下を向いた。

「お嬢ちゃん、申し訳ないが、貼《は》り忘《わす》れじゃ」

「貼り忘れ？」

「すまんが、こういうお店じゃからの。すぐに買う人が現《あらわ》れるわけじゃない。昨日値上げをしたけど、まだ値札を貼り替えてなかったのじゃ」

「じゃあ、実際はいくらなんですか？」

「4万2000円じゃ！」

店主と思われる老人は、再び大きな声を突然だした。

「うわっ。ちょっと、突然大きな声ださないでくださいよ」とワカメは、のけぞりながらいった。

「それに、その値段となると、今日は現金の持ち合わせはないです」

ワカメは、「クレジットカードや電子マネーお断り」という、その老人が書いたと思われる手書きの黄色い紙を見ながらいった。

「では、また」と、そっけなくいうと、老人はすぐに椅子《いす》に座り、そこに客などいないかのように、新聞を手に取った。

「ちょっと、待ってください」と、ワカメはいった。4万2000円は正直高すぎると思った。しかし、この本を彼の誕生日プレゼントにすると決めた以上、ワカメもここで引き下がるわけにはいかなかった。

この本を買うにあたり、ワカメはネット上でも本を検索し、市場価格を確認していた。世の中にニーズがないからか、『日本の縄の歴史』をサイト上で購入することは、ほぼ困難であることが確認できていた。

著名なサイトAMIZOM《アミゾン》のマーケットプレイスには、1冊だけ購入可能なものが出品されていた。とはいえ、サイト上の記載から、この手の古い本によくある箱も紛失《ふんしつ》されており、本への書き込みなどもあるようだった。おまけに、8万9000円と書いてあった。

こうした情報を得ていたので、4万2000円でも、箱入りで書き込みもない、この本をゲットしたいと、ワカメは考えた。そして、「この前、もらう約束をしたあれ・・・をネット・・・で売れば、お金ができるだろう」と、人からもらう約束をしていたプレゼントを売って、彼のプレゼント代を捻出《ねんしゅつ》する決意をした。

しかし、このお店では、値上げをしたといいつつ、値上げしたあとの価額《かがく》が本の値札には書かれていなかった。また何かあっては、困る。万一のときのための対策も、ワカメは講《こう》じておくことにした。

相手はおじいちゃんだし、大丈夫だとは思うけど……。ワカメは、スマホを手に取ると、画面を数回タッチした。

「お金を用意して明日またきますので、4万2000円で売ってくださいね。えっと、タイトルは、『日本の縄の歴史』です」

「ああ、よかろう」

「確認ですけど、値上げとかしないですよね？　明日きたら6万4000円とかになってたら、困るんですけど」

「ああ、値上げもしたばかりじゃし、4万2000円で問題ない」

「よかった。じゃあ、おじいちゃん、わたし、若芽以《わかめい》といいますが、この夢売古書店に、明日取りにきますので、よろしく願いしますね」

「ああ」

「念のための確認ですけど、ほかの人に売ったりしないですよね。これ1冊しかないでしょう」

「ああ、これはもう契約済《けいやくず》みじゃからな」

その言葉を聞いて、ワカメは安心した。

「じゃあ、明日取りにきますね」

シーン3 話が違う？

翌日、ワカメは4万2000円を現金で用意して、夢売古書店を再々訪《さいさいほう》した。

「おじいちゃん、こんにちは」

「いらっしゃいませ」

「あの、昨日の若芽以ですけど……」

「はい。何か？」

えっ？　まさか、おじいちゃん、忘れちゃったとかじゃないよね。

「あの、昨日、こちらで『日本の縄の歴史』を4万2000円で購入《こうにゅう》したワカメです。本を取りにきました。昨日は値上げがあって、お金が足りなかったでしょう。ちゃんと、今日持ってきました」

「ああ」

ああ……って。

「あの、そこの畳《たたみ》の上の台の上に置いてある、その本です」

「いや、これはもう売約済《ばいやくず》みじゃ」

「って、ちょっと。それ買ったの、わたしだって。忘れちゃったの？」

「いや、覚《おぼ》えてるよ。でも、先ほど、この本を6万2000円で、どうしても買いたいというお得意さんが現れたのじゃ。申し訳ないけど、こちらも商売じゃから……」

「えっ？　なにそれ。だって、4万2000円で値上げはしないって、昨日いってたでしょう。それって、約束と違うと思うな。おじいちゃん」

「どうしても、ほしいというのなら……」

「どうしてもって、わたしと契約したはずなんだけど……」

「それなら、そうじゃな。……、うん、7万円。7万円なら、売ってもいいよ」

「そんな高いお金……。高校生のわたしに出せるわけがない、と思って……。ひどい！」

ジャスティン教授の法律アドバイス❸

これって、**契約**《けいやく》にはなってないですよね？　一般の書店だったら、予約証みたいな用紙に記入をして、後日受け取りにくるのもありそうですけど。ワカメちゃんも、もう少し対策をとっておくべきだった？

うん。たしかに、そうともいえる。ただ、この古書店の店主さんは、なかなかのくせ者だよね。

そう思います。ワカメちゃんも、『日本の縄の歴史』なんて古本を誕《たん》プレに選んじゃうところが、かわいいですけど……。って、これ、彼氏のトビタナツムの趣味《しゅみ》のせいですけどね。まったく、漫画の借りパク疑惑のあとに……。そして、ワカメちゃんのお金のつくり方にも疑問あり……ですが。

まあ、あの事件では、借りパクの意思はなかったようだし、もちろん、何かもらう約束をした段階でそれを売る前提だったという若《わか》さんも、あれではある。ただ、今回については、少なくとも、彼氏のトビタくんに責任はないだろう。

そうなんですかね。それにしても、あんなお店の前を歩かなければ、こんなことには……。でも、それが偶然の出会い……だったのかあ。本との出会い。ジャスティン先生、なんとかなりませんか？　トビタくんの、誕プレですし。

方法はあるかもしれないよ。

えっ？　そうなんですか。だったら、早く教えてください。でも、契約したっていえるような文書はないみたいですけど……。

契約が成立するためには、文書はなくてもいいんだけどね。

でも、文書に残すのって、あとでトラブルにならないようにするためですよね？

まあ、それはそうだ。でも、契約は、当事者がお互いに合意《ごうい》をすれば、それだけで成立するものなんだ。売買契約であれば、「これを○○円で買います」「これを○○円で売ります」という、当事者《とうじしゃ》の合意《ごうい》があればね。

だったら、ワカメちゃん、録音は残していたみたいです。

それは好都合《こうつごう》だ。ちょっと、聞かせてもらえるかな。

はい。送られてきたファイルを、再生しますね。

（夢売古書店で行われたワカメと店主のやりとりを録音した音声が流れる）

「ああ、これはもう契約済みじゃからな」

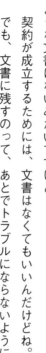

完璧《かんぺき》だ。売買契約《ばいばいけいやく》の対象になる目的物も、ワカメちゃんが本のタイトルも読み上げて特定しているし、その代金も明確に4万2000円と伝えているね。それだけでも大丈夫だったのが、最後にダメ押しの言葉まである。

契約済み……って。ちょっと、笑ってしまうけど、まさかおじいちゃんも、女子高生がスマホでやりとりを録音しているとは、思わなかったんでしょうね。

後日、ワカメは、ジュリからのアドバイスを受け、夢売古書店を再々訪《さいさいほう》した。そこで、ワカメは老人に、次のように伝えた。「202×年○月○日に、こちらの夢売古書店と、『日本の縄の歴史』を買う契約をしたワカメです。本日、その代金を持参《じさん》したので、目的物の引渡《ひきわた》しをお願いします」と伝えた。

「いや、そんな契約はしとらん」と断ろうとした老人に、「いえ。契約は成立しています」と、ワカメは断言した。「そんなの、この前のは口約束じゃろうて……」と答える老人に、ワカメはきっぱりといった。

「口約束でも、契約は成立しています！　それに……」

その言葉にぎくりとした老人は、「仕方ない。じゃあ、こちらじゃ」と、棚《たな》の上に置かれていた約束の古本を取ると、レジ前に立っていたワカメに差し出した。「証拠はないじゃろう?」などと口答えすることもなく。

ワカメは、証拠がないといわれたら、録音した音声を聞かせる予定だったが、老人が「口約束」自体を認める発言を先にしてくれたので、老人に聞かせることもなかった。「それに……」と含《ふく》みは持たせたが。

そして、おじいちゃんから「じゃあ、1万6000円」と代金を請求されると、心の中で「ラッキー」と思いながら、ワカメは1万6000円を差し出した。

なんだか得をしたような気分になったワカメは、後日、彼氏のトビタとの誕生日ランチを楽しみ、幸せな1日を送ることができた。そして、「この本、よく覚えてたなあ。結構《けっこう》な値段だったのによお。ワカメ、おまえ最高だよお」と、彼に喜んでもらうことができた。

法律用語の使い方③

「口約束でも、契約は成立しています！」

■第3話で押さえておきたい法律用語
契約自由の原則／契約方式の自由／書面主義の例外／契約の成立要件／売買契約

■解説

契約とは、複数の当事者《とうじしゃ》で交《か》わされる取り決めです。「その本を買います」「その本を売ります」といった、それぞれの意思《いし》が結びつくことで、契約は成立します。日常の言葉でいえば、**合意**《ごうい》のことであり、約束にあたるものです。

　結びつくための意思は、心の中で思っているだけでは伝わりません。そのため、お互《たが》いに（自分と相手の双方）に表示されることが必要です。こうして、自分が相手に表示した意思である「意思表示」と、相手から自分に表示された意思である「意思表示」が、共通の目的をもって互いに重なり合うところに、契約は成立します。

　契約について、さまざまなルールを定めているのが、**民法**という法律です。民法は、契約について、「基本的には、当事者が自由に決めてよい」という考えをとっています。これを「**契約自由の原則**」といいます。

　当事者同士が「それでいい」と認めている以上、国は、私人同士の合意に口を差しはさまない、ということです。もちろん、例外もあります。

　何でもかんでも契約する自由を与えれば、たとえば「Aさんを殺したら10億円払う」といった殺人契約まで、国が効力を与えることになってしまいます。

　こうした社会秩序に違反するような内容の契約には、効力が与えられません。「**公**《おおやけ》**の秩序**《ちつじょ》」や「**善**《ぜん》**良**《りょう》**の風俗**《ふうぞく》」に違反する契約は無効になることが、民法に定められています（**公序良俗**《こうじょりょうぞく》**違反の契約の無**《む》

効《こう》）。もし、裁判所に「10億円を支払え」という民事裁判を起こした人が、「この人と殺人契約が成立しており、実際にわたしはAさんを殺した。それなのに、この人は約束を無視してお金を払ってくれない」と主張し、その事実を立証したとしても、この請求は退けられます。

契約自由の原則には、4つの内容があります。

①契約をするかどうかの自由（＝**契約締結《ていけつ》の自由**）
②契約を誰とするかの自由（＝**相手方選択の自由**）
③どんな内容の契約をするかの自由
（＝**契約内容の自由**）
④どんな方式で契約するかの自由
（＝**契約方式の自由**）

夢売古書店《ゆめうりこしょてん》で、ワカメと店主との間で交わされたのは、『日本の縄の歴史』という古書を売り買いする契約でした。

こうした売買契約をするかどうかの自由を、ワカメは持っていました。本人は興味のない『日本の縄の歴史』という古書を買おうと決めたのは、彼氏への誕生日プレゼントにする目的でした。こうした契約をする動機は、特に問題にされません。

インターネットで事前に調べたワカメは、この本を買おうと考えたとしても、他の書店から購入する自由も持っていました。しかし、実際に調べたところ、たまたま見つけた夢売古書店に置いてあった『日本の縄の歴史』が、中古の商品としても、金額としてもリーズナブルであると判断します。こうして、ワカメは夢売古書店で購入することを決意しました。

ただし、相手である夢売古書店も、希少性《きしょうせい》の高いこの古本をいくらで売るかを決める自由を持っていました。誰でも入ることができるオープンスペースである書店で販売しているため、それは値札の記載によって、不特定多数のお客さんに提示《ていじ》されます。

とはいえ、この値札の表示を1万6000円のままにしていた以上、4万2000円という店主の提示に対して、ワカメは、「1万6000円だから購入しようと思った」という主張をすることもできたでしょう。

しかし、ワカメは熟考《じゅっこう》の末《すえ》、この商品の価値《かち》を考慮《こうりょ》し、「4万2000円でも購入しよう」と決意しました。その際の経緯を、ワカメが機転をきかせ、録音していたのが幸いでした。

この録音は証拠として用いられることはありませんでしたが、「いった、いわない」のトラブルを防ぐためには、何かのときのために録音しておくという方法があります。

契約方式の自由があるため、**売買契約《ばいばいけいやく》は、書面《しょめん》で取り交わさなくても成立します。**それでも、不動産の売買では、必ず**売買契約書**を作成します。それは、後日の紛争を防止するためであるだけでなく、権利関係なども複雑になり得る目的物を、高額な代金で売り買いする場合、その詳細《しょうさい》を文書で作成して決めておくことが重要になるからです。

しかし、第3話のケースのように、書店で本を購入するなどの日常の売り買いでは、契約書の作成はしません。それはかえって、そのような契約書の作成が煩雑《はんざつ》になり、迅速な取引ができなくなるからです。

書店であれば、予約ということも一般にはあり得たと思います。しかし、今回は録音されていた経緯《けいい》のとおり、口頭ではあるものの、売買契約が成立するための互いの意思表示の合致がありました。

録音がなければ、その内容を正確に再現することは困難でしょう。人の記憶は時間の経過によって、あいまいになるからです。録音は、証拠として相手に直接示すことまでしなくても、このケースのように、弁護士など法律の専門家から法律のアドバイスを受ける際に、正確な再現装置として有効です。

ワカメの発言は、録音によれば、「お金を用意して明日またきますので、4万2000円で売ってください。えっと、タイトルは、『日本の縄の歴史』です」というものでした。この値段の部分の録音を相手に示す前に、店主が値札に示していた1万6000円を請求したので、ワカメは、この古書を無事ゲットできただけでなく、当初予定していた値上げ前の値段で購入できました。

このあたりは法律論とは別に、上手なかけひきがあったといえるでしょう。一般に、やましいことをしたとわかっている人は、あとから「証拠はある」といわれると、自分の記憶の中にある、すべての裏をとられたと思いがちだからです。「それに……」というワカメの含みに、きっと老人は何かを感じたのでしょう。再々訪したときの「202×年○月○日に……」といった最初の契約内容の伝え方にも、すごみがあったものと思います。

なお、「口約束でも、契約は成立する」といっても、これはあくまで原則です。法律の規定で、「書面」の作成という様式を求めるものもあるからです。

たとえば、民法の規定では、他人の借金を肩代《かたが》わりするような「**保証契約**《ほしょうけいやく》」では、契約書などの書面がなければ、契約に効力は与えられないことが明記《めいき》されています。「契約方式の自由」の例外です。

口約束でも成立するという契約の原則は、実際には、相手がその口約束があったことを認めてくれない限り、**立証**《りっしょう》の壁にぶちあたります。この点には、注意が必要です（立証責任については、第12話参照）。

この解説に関連する法律の条文を、最後に挙げておきます。これまでの解説の根拠になる規定です。法律の条文を実際に読んでみたい方は、ぜひ確認してみてください。

◉民法

（契約の締結及び内容の自由）

第五百二十一条　何人《なんぴと》も、法令に特別の定めがある場合を除き、契約をするかどうかを自由に決定することができる。

2　契約の当事者は、法令の制限内において、契約の内容を自由に決定することができる。

（契約の成立と方式）

第五百二十二条　契約は、契約の内容を示してその締結を申し入れる意思表示（以下「申込み」という。）に対して相手方が承諾をしたときに成立する。

2　契約の成立には、法令に特別の定めがある場合を除き、書面の作成その他の方式を具備することを要しない。

（売買）

第五百五十五条　売買は、当事者の一方がある財産権を相手方に移転することを約し、相手方がこれに対してその代金を支払うことを約することによって、その効力を生ずる。

第4話

パパが学生時代の同級生から、お金を請求されちゃった！

「消滅《しょうめつ》時効《じこう》を援用《えんよう》します」

シーン❶ 学生時代の同級生から届いたSNSの友達申請

ある日の夜。見覚《みおぼ》えのある名前のアカウントから、友達申請《しんせい》が届いた。

特に、積極的な投稿《とうこう》をしているわけではないが、同年代の人には、10年ほど前から活発になった、このSNSにアカウントを持っている人が多い。

会社の同僚から勧められたこともあって、10年ほど前にアカウントの登録をした。最初のころは身近なことを気軽に投稿していたが、次第に面倒になり、いまは見る専門である。

とはいえ、学生時代の同級生などとネット上でつながっていることで、実際に会うことはなくても、彼ら彼女らの近況を知ることができる。

メッセージを送ってみたくなったときには、DM機能でやりとりもできる。そんな気軽さもあって、このSNSをゆるく続けていた40代の会社員は、仕事を終えて帰宅し、自宅のソファでテレビを観ながら、くつろいでいた。大好きなコーラを飲みながら。

ちょうど、そのとき、スマホにDMが1件届き、友達申請の通知があった。

確認してみると、見覚えのある名前である。

「あれ？　この人、大学時代の同級生じゃないか。たしか、テニスサークルに入っていた……」

コーラを入れたグラスを手に取りながら、SNSのアカウント名を見る。男は学生時代が懐《なつ》かしくなった。公開情報に記載されていた大学名や、年齢、投稿記事を見て、同級生であることを確認すると、友達申請を許可した。

すると、友達のみが閲覧できる投稿記事が表《あらわ》れた。そこに掲載されている写真の数々を眺《なが》めると、男は「ずいぶんと老《ふ》けたなあ。あいつ」とつぶやきながら、「まあ、自分もか。もう、あれから……、25年もたっているのか！」といった。

大学時代が四半世紀も前の出来事になっている事実に驚きながら、DMを見ると、「お久しぶりです。湯村《ゆむら》、元気か？　大学の同級生の浴野《よくの》です。よろしくお願いします」と、そこには書かれていた。

シーン❷ 会社の社長になっていた大学のクラスメイト

何度かDMのやりとりをした湯村は、大学時代の同級生が、いまは会社の代表取締役をしていることを知った。つまり、社長である。

本人は「小さな会社だけどな」というタマラン商事は、海外のさまざまな商品を輸入し、それを日本で販売する会社であるという。インターネットで検索して見つけた会社のホームページを見て、一応わかったことである。

ホームページの会社概要の役員欄に、「代表取締役　浴野《よくの》カワゾウ」と記載されていた。老けたなと思っていた写真も、40代後半の経営者として客観的《きゃっかんてき》な目で眺《なが》めると、なかなかやり手の経営者にも見えてきた。

芯《しん》が強く、内部からも外部からも剛腕《ごうわん》で通っている。そんな雰囲気にも見える。考えてもみれば、浴野の父親は会社を経営していると、大学時代に聞いたことがあった。学生なのに親からもらえる小遣いが桁違《けたちが》いで、カラオケやボウリングに行ったときには、「俺が払うよ」と、奢《おご》ってもらったこともあった。

しかし、ホームページにある会社の沿革《えんかく》（歴史）を見ると、親から経営を譲《ゆず》られた会社ではなく、自分の力で切り開いた新会社のようである。

同級生が会社の社長になっている。そのことが、だんだんと誇《ほこ》らしくなってきた湯村は、妻と高校生の娘にも、そのことを話してみた。

「聞いたことがない名前だけど、そんな同級生がいたのね。すごいじゃない」と妻はいった。

「うん。ものすごく仲がよい友達というほどではなかったけど、同じクラスだったんだ。

大学のクラスは、70人くらいでね。そのひとりで、たまにカラオケにみんなで一緒に行ったりしていた。卒業してから会うことはなかったし、結婚式にも呼んでないからなあ」

「パパの大学のお友達に、会社の社長さんがいたなんて」と、高校生の娘がいった。

「DMでやりとりしてたら、今度久しぶりにお茶でもしないかと誘われたんだよね」

「そうなんだあ。せっかくだから、会ってみたら」と、娘はいった。

「お茶くらいならいいいんじゃない。でも、その会社、実際どうなのかよくわからないから、少し心配だわ。何かの勧誘とか、お金の貸し借りとか、保証人になってくれないかとか、そういうのは気をつけてね」と、妻はいった。

「たしかに、それはそうだ。『銀行から融資をしてもらえなくて困っているんだ。必ず返すから、力になってくれないか』、なんて頼まれたりしてね」

「うちは、そんなに余裕のある家ではないのだから、そこだけはお願いよ。樹里《じゅり》のことでも、これからお金がかかるんだから」

「うん。忠告《ちゅうこく》をありがとう。そんなときは、ビシっとお断りしてくるよ」

そう答えると、湯村は、「では、久しぶりに会おう」と、大学時代のクラスメイトの浴《よく》野《の》のDMに返信をした。

シーン❸ ファミレスで25年前の出来事に迫《せま》られる!?

「久しぶりだな。湯村」と、社長の浴野がいった。

「こちらこそ。それにしても、浴野が会社の経営をしているなんて驚いたよ。すごいな。でも、いろいろ大変だろう?」と、湯村はいった。

浴野が指定したのは、銀座《ぎんざ》からも近い有楽町《ゆうらくちょう》駅から歩いて行くことのできる場所にあるファミレスだった。結構《けっこう》な数の人が、店内にあふれている。

「従業員のことを考えなければいけないからな。なかなか、休まることのない仕事だな」

「それは、大変そうだ。こちらは、会社員だから、その意味では気楽だよ」

いまの仕事の話を終えると、話題は学生時代の思い出に移った。

「浴野とは、カラオケに行ったよな。ボウリングも行ったかな。仲のよかった何人かで」

「懐かしいな。カラオケも、ボウリングも。湯村はいつもコーラを飲んでいたよな」

「よく覚えているなあ。いまでも、たまに飲むけど、たしかにコーラが好きだった」

「一度、俺が頼んだアイスコーヒーを、暗がりのカラオケボックスの部屋で間違えて、湯村がそれを飲んでしまい、吐き出していた。でも、いまはこうして、湯村もブラックコーヒーを平気で飲む」

「そりゃあ、俺ももうすぐ50だぞ」

「ところで……」

そういうと、タマラン商事の社長をしている浴野カワゾウは、コーヒーカップをテーブルに置いた。そして突然、眉間《みけん》にシワを寄《よ》せると、浴野は宙《ちゅう》を見た。

「おお、なんだい？」

湯村はここで、妻から釘《くぎ》をさされていたことを思い出した。中小企業の経営者だから、事業資金に困っている可能性もある。25年も会っていない大学時代のクラスメイトに声をかけまくり、借金の依頼などをしているかもしれない。

湯村は、警戒《けいかい》モードに入った。

「大学時代のことで、恐縮《きょうしゅく》ではあるが……」

「ん？　大学時代のこと？　なんだい？」

予想と異なる話の展開に、湯村は不意《ふい》をつかれた。女友達とかのことだろうか？　何の話だろうかと、湯村は思考をめぐらせた。

「それが、いいにくいことではあるのだが……。じつは、いまいろいろ困っている。金《きん》策《さく》というかね、恥ずかしい話だが。ただ、これは会社の経営のことではないんだ。仕事一筋、経営一本でな。必死で、この10年以上を過ごしてきたんだ。わかるだろう？」

「うん。わかるよ。浴野が経営者として若くして役員になってがんばってきたということだから、いろいろあるんだろう。女関係か？　それとも、お子さんのことか……？」

湯村は、浴野の子どもが高校3年生で、大学受験を控《ひか》えているという話を聞いていたことを思い出した。

「うちの娘も高3だから、わかるよ。私立とかになれば、学費もかなりかかるよな。うちも家計は結構大変ではあるけど、学資保険《がくしほけん》とかに妻が入ってくれていたから、何とかなりそうだよ。って、浴野は役員報酬も多いだろうし、それくらいは大丈夫だろう？」

「それが、いろいろ女性関係で、モメたりしてな……」

「ああ、その手のことか。こちらには、まったくご縁がない話だ」

「慰謝料《いしゃりょう》というのか、何というのか……。いろいろな方面で個人的な支払がある。それで若いころから妻との関係はよくなくてな。おまえみたいに保険とか、そういうのは別になくても大丈夫だろうと。仕事でしっかり稼《かせ》げば問題ないだろうと、高《たか》を括《くく》っていた。現在だけに焦点《しょうてん》をあて、将来に無頓着《むとんちゃく》だった。それで、何も準備をしてこなかった……」

「そうか、社長もいろいろと大変なんだなあ」

そういうと、湯村は「これは、まずいぞ」と思った。子どもの学費で、どうしても困っているので100万円貸してくれないか、などと懇願《こんがん》されそうな予感がしたからである。

妻から受けていた忠告が、ここにそのまま重なった。

「で、いまさらいうのもなんだが、大学のときにおまえに貸した50万円。あれ、そろそろ返してくれないか。おまえとの仲だし、いまさらの話でもある。だから、利息《りそく》や遅延損害金《ちえんそんがいきん》などは問わない」

予想外の展開に、湯村は絶句《ぜっく》した。過去の記憶を思い返しみるが、そこまで高額なお金を借りた記憶はない。しかし、そういわれると、何か借りていたような気もしてきた。

「ちょ、ちょっと待ってくれないか！」

「ああ、1か月くらいは待てるぞ」

そういう待つではないのだけど……。困ったなあ。

湯村は、額《ひたい》から頬《ほお》に急に流れてきた汗を、握《にぎ》りしめた両手の甲《こう》で拭《ぬぐ》った。

ジャスティン教授の法律アドバイス❹

すみません。お気づきかもしれませんが、この湯村さんって、わたしのパパです。学生時代のことで覚えていないことも多いみたいなんですけど、さすがに50万円も借りたことはないと思うと、パパはいっています。

実際のところは、どうなんだろう？

あとで、ママと二人で話したのですが、学生時代につきあっていた彼女さんとかとトラブルがあったとか。それで何か急なお金の必要があって、羽振《はぶ》りのよかった浴野さんを頼った可能性なら、もしかしたらあるんじゃないかって……。

でも、それは想像であり、実際のところは、わからない。

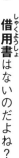

はい。なにしろ、25年も前の出来事で……。

借用書《しゃくようしょ》はないのだよね？

それがパパ、「ちょっと待ってくれ。考えてみる」って、そのまま気が動転《どうてん》して、すぐに帰ってきちゃったみたいなんです。もともと、お金の無心《むしん》とかされたら、すぐに帰ってくる予定だったこともあって……。それくらい、確認すべきでしたよね？

ただ、まあ、本人が借りた記憶はないということなのだから、借用書があるというなら、向こうが示すべきことだね。そもそも、これまで一度も請求されたことはなかったのだろう？

はい。それは、断言できるそうです。それに請求されたことがあったら、さすがのパパでも、ＳＮＳの友達申請があったときに「ぎくっ」としたはずですし。そんな様子はまったくなく、むしろ浴野さんは社長なんだって、感心してましたから……。

状況はわかった。で、お父さんは、どうするといっているの？

それが、ジャスティン先生に聞いてみてくれないかって……。すみません、今回はママからもお願いしますとのことです。法律から見ても返さなければならないものなら、どうしようもないことなので、払うとのことでした。だって、借用書とか契約書なんて大学生同士でつくってないと思うけど、口約束でも契約は成立しますから……。

うん。それは、前にも確認したよね。古書店の売買契約のときに。そして、お金の貸し借りも、契約書などの書面がなくても契約は成立する。

ですよね。そのことをパパとママに伝えたら、二人ともギョッとした顔をしてました。最初はママが「借用書があるんですかって、聞いてみなさいよ。出せないなら、払う必要なんてないはずよ」って強気だったのですが、わたしが最近知った「口約束でも、契約は成立する」ことを教えてしまったので……。

まあ、いろいろな法律上の問題はあるとしてだ。結論からいうと、25年前の出来事だからね。相手もその点は認めている以上、これはもう**消滅時効**《しょうめつじこう》が完成しているよ。

わっ！　それって、何年かすると、権利も消滅しちゃうってやつですか？

そうだよ。それだ。一般に、消滅時効は請求できる時から5年で完成するからね。あとは、本人、つまり湯村さんのお父さんが「**消滅時効を援用**《えんよう》**します**」と、時効の利益を受ける意思を、相手の浴野さんに伝えるだけだ。

ほんとですかっ！　それって、めちゃパパもママも喜びます。わたしも嬉《うれ》しすぎます。あっ、それで、そのことは、口で伝えてもいいんですか？　それとも、何かの手続が必要になりますか？

消滅時効の援用については、特に手続などは定められていない。だから、もちろん口頭で伝えてもよいし、書面に記載して郵送などしてもよい。今回はＤＭのやりとりをしていたみたいだから、それでもよいと思うよ。

ありがとうございます！　先生、ほんとに、めっちゃ助かります！

娘からのアドバイスを受けた湯村は後日、浴野にもう一度会い、時効のことを伝えることにした。学生時代にお世話になったかもしれない（少なくとも、カラオケやボウリングなどで奢《おご》ってもらっていたのは事実である）同級生に、書面を郵送したり、ＳＮＳのＤＭを送ったりするだけで伝えるのは、失礼なように思ったからである。

ファミレスでコーヒーを飲みながら、湯村は「この前の件だけど、本当に申し訳ない。じつはよく覚えていなくて、浴野から50万円も借りたってことをね。でも、仮に借りたのだとしても、もう消滅時効が完成しているだろう。それをさ、援用させてもらうよ。うん。いいにくいけど、その……。消滅時効を援用します。うちも高校３年生の娘に、同じようにお金がかかるんだ。申し訳ない」と伝えた。

すると、浴野が声を出して笑い始めた。浴野の学生時代の無邪気《むじゃき》な顔が、湯村に蘇《よみがえ》った。

「な、なにか、おかしいか？」

「いや、失礼。俺だって、会社を経営しているんだ。売掛金《うりかけきん》の債権回収《さいけんかいしゅう》など、さまざまな場面で、時効管理をやっているよ。顧問《こもん》弁護士だっている」

「えっ？」

「なんだか懐《なつ》かしくなってきたんだよ。ちょっとオーバーにしてみたが、俺が大学時代に奢った総額は５万円は超えていたと思う。時間がたっているから10倍にしてみたけど、それは貸したわけじゃない。**贈与**《ぞうよ》だよ。返す必要はない」

「ん？　浴野、おまえ……？」

「いや、どういうふうに湯村ならいい返すのかなってな。それを見たかったんだ。悪いことをした。ここで今日、学生時代のような真面目《まじめ》な湯村が、50万円を用意してもってきたら、『おい、いい年してなにやってるんだ。奥さんも、お嬢《じょう》さんもいるんだろう。もっと、法律を勉強しろよ』って、アドバイスをしてやろうと思っていたのだが……」

「ずいぶんと酷《ひど》い冗談だな。浴野も変わっていない！」

湯村がそういうと、二人は無邪気に笑いあった。

「消滅時効《しょうめつじこう》を援用《えんよう》します」

■第4話で押さえておきたい法律用語

時効制度／消滅時効／時効の期間／時効の援用／消費貸借契約

■解説

25年も前の出来事となれば、大人でも、その記憶があやふやになっていることが多いでしょう。また、当時はいまのように、人とのやりとりにデジタル化が取り入れられてはいません。メールやＬＩＮＥ、ＳＮＳのＤＭなどもないので、記録も残っていないでしょう。

しかし、口約束でも契約は成立します。お金の貸し借りの約束は「**消費貸借契約《しょうひたいしゃくけいやく》**」といいますが、書面《しょめん》（契約書など）がなくても成立することを、民法は定めています。ただし、お金の貸し借りをするときには、証拠を残すために契約書や借用書がつくられることも多いので、書面で締結された場合についても、民法が定めています（電磁的《でんじてき》記録の場合も同様です）。

金銭の消費貸借契約が成立するためには、①お金を渡したこと（**金銭《きんせん》の授受《じゅじゅ》**）と、②お金を返す約束があったこと（**返還《へんかん》の約束**）が必要になりますが、書面による場合は、①お金を渡す約束（**引渡《ひきわた》しの約束**）と、②お金を返す約束（**返還の約束**）があればよいとされています。

第4話のケースでは、そもそも、50万円ものお金を大学時代に湯村さん（ジュリの父親）が、当時クラスメイトだった浴野社長から借りていたのかどうかさえ、定かでありませんでした。

実際のところは、物語にあったように、貸したものではなく、学生時代に奢《おご》られた（**贈与《ぞうよ》**された）5万円だったようです（贈与はタダであげる契約で、もらったものを返す義務は生じません。贈与契約の詳細《しょうさい》は、第5話参照）。この5万円ですら浴野社長の記憶に基づくものに過ぎず、奢ってもらった湯村さんには奢ってもらった記憶はあっても、その合計金額まで覚えているわけではなかったようです。

そこで、ある人がある人に対して、契約などによって請求できる権利を持っている場合であっても、一定の時間が経過したときには、時効によって権利が消滅する制度が、民法に定められています。これを「**時効制度**」といいます。

時効制度には、権利が消滅する「**消滅時効**」だけでなく、たとえば、一定期間、他人の物でも占有《せんゆう》を続けることで所有権を取得できる「**取得時効**」もあります。この解説では、物語で問題になった消滅時効を取り上げますが、時効制度の目的は同じです。

それは次の3点にあるといわれています。つまり、①**永続《えいぞく》した事実状態の尊重《そんちょう》**、②**証拠の散逸《さんいつ》の防止**、③**権利の上に眠る者は保護せず**、ということです。

具体的に、説明しましょう。

①の「永続した事実状態の尊重」とは、永年にわたり、請求されることもなく、放置された権利があるのであれば、そのような請求されないままに続いてきた状態のほうを尊重しようということです。

また、第4話の例からもわかるように、証拠も残っていないことが多く、単にお互いの記憶により「いった、いわない」の水掛《みずか》け論になる可能性が高いため、こうした事態を防止するということが、②の「証拠の散逸の防止」です。

時効は、結局のところ、権利を持っている人が権利を失うことを意味します。それが正当化される根拠は、③の「権利の上に眠る者は保護せず」ということです。今回の例でいえば、実際には貸していたわけではありませんが、もし50万円を本当に浴野社長が湯村さんに貸していたのであれば、もっと早く返済を請求すればよかったことになります。

こうして民法は、権利が消滅してしまう時効（消滅時効）について、**権利を行使することができることを知った時から5年**と定めています。知った時が、時効期間をカウントする出発点（**起算日**《きさんび》）になっているので、「**主観的**《しゅかんてき》**起算点**」といいます。第4話の例では、そもそも自分で貸したお金であったとすれば、いつでも返済を請求できることは、浴野本人もわかっていたはずですので、返済期限を定めていない場合には、貸した時から相当な期間を経過した時から5年ということになります（逆に、返済期限を定めていた場合は、その期限から5年ということになります）。

　契約をしていた場合、権利の行使ができることを本人が知っているのはあたりまえですが、契約によらずに取得した権利など、自分に権利があることを知らない場合もあるでしょう。そういう場合には、**権利を行使することができる時から10年**が、消滅時効の期間になります。こちらは本人の主観にかかわらない起算日のため、「**客観的**《きゃっかんてき》**起算点**」といいます。

　このようにして、消滅時効は、その起算日から一定の期間（原則として、5年または10年）を経過することで「完成」します（**消滅時効の完成**）。

　消滅時効の完成は、権利の上に眠る者であることが前提です。したがって、権利行使を行っていた場合、消滅時効は「完成」しません（この点については、第7話参照）。

　消滅時効が完成したとしても、時効によって利益を受ける人が、「いや、法律では時効かもしれないけど、借りたお金はきちんと返したい」と考える場合もあるでしょう。こうした、時効によって利益を受ける人の意思を尊重するため、消滅時効が完成したとしても、それだけでは権利が消滅しない仕組みを、民法は採用しています。

　それが、ジャスティン教授のアドバイスにあった「**援用**《えんよう》」です。時効期間が過ぎて、消滅時効が完成したとしても、時効によって利益を受ける人が「時効を援用します」という意思表示を相手に伝えなければ、時効の効果は得られないのです。

時効によって権利を失う側の人も、時効によって（相手の権利が消滅して）義務を免れることになる人も、この「援用」について押さえておくことが重要です。物語で、ジャスティン教授がジュリを通じて父親の湯村さんに「消滅時効を援用します」と浴野社長に伝えさせたことには、この「援用」をさせる意味がありました。

援用については、そのやり方に決まりはありませんが、一般には、書面で作成して相手に届けたほうが明確です。裁判の中で「援用」がされる場合もあります。

なお、消滅時効の期間は、原則として先ほど説明したように「5年または10年」ですが、人を死亡させたり、**人の身体を傷つけたりするような行為によって生じた権利については、権利を行使することができる時から20年**とされ、消滅時効の「客観的起算点」からの時効期間が長く設定されています。

また、結婚相手（配偶者《はいぐうしゃ》）の不倫に対する慰謝料《いしゃりょう》請求などの「**不法行為**」についても、消滅時効の期間が修正されています。契約によって生じる権利とは、異なる扱いをするものです。契約上の権利とは違って、加害者が誰なのかがわからない場合などもあるため、損害と加害者を知った時を起算点としながら、3年という短い期間の消滅時効になっています（主観的起算点）。ただし、不法行為の時からは20年の時効期間とされています（客観的起算点）。

消滅時効については、場合によって時効期間が異なりますので、そのケースごとに確認が必要になりますが、原則として「5年または10年」であること、そして完成した場合でも、援用が必要になることが重要です。

なお、時効期間は改正《かいせい》があったため、この改正法が施行《しこう》された２０２０年（令和2年）4月1日より前《まえ》に発生していた権利については、改正前の時効期間が適用されることに注意が必要です。改正前は、個人が個人に貸したお金の返済請求権《へんさいせいきゅうけん》の消滅時効は10年でしたが、第4話の物語の結論に変わりはありません。

この解説に関連する法律の条文を、最後に挙げておきます。これまでの解説の根拠になる規定です。法律の条文を実際に読んでみたい方は、ぜひ確認してみてください。

◉民法

（時効の援用《えんよう》）

第百四十五条　時効は、当事者（消滅時効にあっては、保証人、物上保証人《ぶつじょうほしょうにん》、第三取得者その他権利の消滅について正当な利益を有する者を含む。）が援用しなければ、裁判所がこれによって裁判をすることができない。

（所有権の取得時効）

第百六十二条　二十年間、所有の意思をもって、平《へい》穏《おん》に、かつ、公然《こうぜん》と他人の物を占有《せんゆう》した者は、その所有権を取得する。

2　十年間、所有の意思をもって、平穏に、かつ、公然と他人の物を占有した者は、その占有の開始の時に、善意であり、かつ、過失がなかったときは、その所有権を取得する。

（所有権以外の財産権の取得時効）

第百六十三条　所有権以外の財産権を、自己のためにする意思をもって、平穏に、かつ、公然と行使する者は、前条の区別に従い二十年又は十年を経過した後、その権利を取得する。

（債権等の消滅時効）

第百六十六条　債権は、次に掲《かか》げる場合には、時効によって消滅する。

一　債権者が権利を行使することができることを知った時から五年間行使しないとき。

二　権利を行使することができる時から十年間行使しないとき。

2　債権又は所有権以外の財産権は、権利を行使することができる時から二十年間行使しないときは、時効によって消滅する。

（略）

※1　民法第百四十五条の「物上保証人」とは、自分以外の人の債務を、自分の財産（主に不動産）をもって担保（保証）した人のことです。

※2　同条の「第三取得者」とは、抵当権が付着している不動産を、抵当権が付着した状態のままで取得した人のことです。

（人の生命又は身体の侵害による損害賠償請求権《そんがいばいしょうせいきゅうけん》の消滅時効）

第百六十七条　人の生命又は身体の侵害による損害賠償請求権の消滅時効についての前条《ぜんじょう》第一項第二号の規定の適用については、同号中「十年間」とあるのは、「二十年間」とする。

（不法行為による損害賠償請求権の消滅時効）

第七百二十四条　不法行為による損害賠償の請求権は、次に掲げる場合には、時効によって消滅する。

一　被害者又はその法定代理人が損害及び加害者を知った時から三年間行使しないとき。

二　不法行為の時から二十年間行使しないとき。

（人の生命又は身体を害する不法行為による損害賠償請求権の消滅時効）

第七百二十四条の二　人の生命又は身体を害する不法行為による損害賠償請求権の消滅時効についての前条第一号の規定の適用については、同号中「三年間」とあるのは、「五年間」とする。

◎民法附則《ふそく》（平成二九年六月二日法律第四四号）

（時効に関する経過措置）

第十条（略）

4　施行日前《しこうびまえ》に債権が生じた場合におけるその債権の消滅時効の期間については、なお従前の例による。

◎民法（平成二九年六月二日法律第四四号による改正前）

第百六十七条　債権は、十年間行使しないときは、消滅する。

第5話

口がすべって「あげる」っていっちゃったけど、もう逃れられないの？

「書面によらない贈与《ぞうよ》なので、解除《かいじょ》するね！」

シーン❶ ユッコとワカメのアフヌン会

ジャスミンティが好きな高校生の山下優子《やましたゆうこ》は、授業のグループワークをきっかけに、最近話をするようになったクラスメイトに声をかけ、自宅に招待した。

紅茶を飲むのが好きな優子は、「イギリスの文化」をテーマにしたグループ発表をするため、アフヌン会を二人で開催することにしたのである。アフヌンとは、サンドイッチやお菓子を食べながら優雅《ゆうが》に紅茶を飲む、あのアフタヌーンティの略語である。

写真投稿で有名なSNSのハッシュタグで美味しそうなお店をいろいろ見てみたが、ホテルのラウンジが多く、高校生の二人が行くには高級すぎた。

父親がそれなりに名の知れた作家である優子にとっては、父にお願いしてホテルのアフタヌーンティに連れていってもらうという方法もあった。しかし、公立高校のグループ発表のためなので、あまりお金がかかりそうなのは適切でないと考え、高校生らしい手づくりアフヌン会をやってみることにしたのである。

「ユッコちゃん、この紅茶、美味《おい》しいね」

「でしょ。わたし、小さいころからすごく好きなんだよね」

「二人でつくったスコーンにも、すごく合う」

「だよね。ジャムも3種類そろえて、正解だね。ワカメちゃんのつくってきてくれたチーズケーキも、すっごく美味しい」

二人は笑いあった。優雅な時間である。

「これでグループ発表も、リアルに書けそうだよね」と、優子がいった。

「ほんと。それにしても、ユッコちゃんのおうちにある食器って、おしゃれなのが多いなあ」

ワカメはそういうと、うらやましそうな顔をした。

「これって、あれでしょ？　ロイヤルコンペイ……？　コンペイトウ？」

「うん、それ！　ロイヤルコンペイハッシュだよ。お父さんが結構《けっこう》こういうのに凝《こ》ってて、いろいろあるんだよね。仕事の関係上、いただきものも多いんだけど……」

「やっぱり、作家さんの家は違うわあ。わたしのうちなんて、ノーブランドのマグカップが少しあるくらいだよ」

「そうだ。もらいものでね、うちでは使ってないものも結構あるから。ちょっと、待っててて」

優子はそういうと、ワカメを部屋に残して下の階に降りた。

シーン❷ お近づきの印《しるし》に……

優子は、作家の父親がもらったまま使用していないティーカップの箱を探すと、3箱ほどよさそうなのがあった。どれも、素敵な高級感のあるティーカップで、ペアである。

箱を抱えて部屋に戻ると、優子はワカメにいった。

「ねえ、ワカメちゃん。見てみて。こんなのもあったよ」

「わあ、すごい。えっ、開けていい？　これ、お父さんのじゃないの？」

「ううん。お父さん、これは使わないから、優子にあげるよってくれたの。でも、わたしも、お気に入りのティーカップがあるから、割れてしまったときに使おうと思って、未使用のまま取っておいたやつなんだ」

「そうなんだあ。へえ、これもロイヤルコンペイ……」

「コンペイハッシュ！　だよ」

「そうそれ。これ、とっても大人っぽいよね。いい柄《がら》だあ。それから、えーと、これは……。色がおしゃれで綺麗《きれい》だね。エメラルドグリーンっていうのかなあ。なんか貴族《きぞく》～」

「うん。それはね、ウェンハウス」

「綺麗だなあ。それから、最後のが……。え？　これは！　おおー。『シンプルイズベスト！』っていうやつなのかな。白にピンクの薔薇《ばら》なんて、大人っぽい」

「うん、これは、マインセイっていうんだ。マインセイは、結構高いのだったかも」

「そうなんだあ。なんか、ユッコちゃんって、異次元《いじげん》の世界に住んでるなあ」

「そんなことはないけど。あっ、もしよかったら、ワカメちゃんの好きなティーカップ、今回のお近づきの印にというか……。あげるよ」

「えっ！　マジ？　ちょっと、やばい。えっ、ほんとにいいの？」

「うん、全然。ワカメちゃん、トビタくんと今度二人でアフヌン会やったら？　そのときに、ペアで使えるよ」

「わおー。それ、最高すぎる。えっと、あっ、ちょっと待って……。ちょうど、ナツム、あっ、そのトビタくんからメッセージがきてた。飛んで火に入《い》る夏の虫かよ」

「このあと、トビタくんとデート？」

「そうじゃないんだけど、うーん……。えっと……、そう。……何だか、英語の漫画のことが書いてあった。まだ読んでるみたい」

「あの？　ジュリから聞いたよ、それ。やばっ」

優子が噴《ふ》き出している間、ワカメはスクロールさせながら、黙ってスマホの画面を真剣に見ていた。
1、2分すると、「ああ、ごめん。ごめん。いま返信終わった」というと、ワカメは、「じゃあ、その……。えーと、やっぱりシンプルイズベストということで、最後のでもいい？薔薇が綺麗だし」と、マインセイのペアのティーカップを選んだ。
「うん。じゃあ、マインセイのティーカップのペアね。決まり！」

「やったー。ユッコちゃん、大好き。ほんとにありがとう！」

「じゃあ、袋を用意しようか。今日、このあと持って帰るでしょ？」

「ありがとう。あっ、でも、このあと、わたし、このまま塾だったんだ。今度、また取りにきていい？」

「わかった。もちろん！」

優子は、ワカメと仲よくなれたなと思った。これでグループ発表も、充実したものができそうだ。最初はとっつきにくいとも思っていた苦手なタイプの女子だったが、家に呼んで話してみたら親密になれた。なんだか、気も合いそうである。

しかし、現実は甘くなかった。

シーン❸ トビタとのデートを目撃したところ……

翌日の放課後、優子は校門までの校内の道に、ワカメとトビタが、数メートル先を並んで歩いているのを見つけた。二人の間を邪魔《じゃま》するわけにはいかないと思いながらも、近づいて、後ろから声をかけて驚かせてみようと、思い立った。

少しずつ二人に接近すると、楽し気《げ》な会話が聞こえてきた。

「でさあ、アフヌン会とかいって、ジャスミンティばかり飲まされたわけ」

「なんだよお、それ。おまえは、みそ汁が好きなのになあ。いてっ。なんだよお」

ワカメに軽く平手《ひらて》打《う》ちされて、トビタは嬉《うれ》しそうである。

しかし、優子には、なんにも嬉しくない内容の会話であった。

「それでさ、帰りがけに自慢《じまん》されたわけ。親父《おやじ》が売れない作家のくせに、高そうなカップ見せられてね」

「すごいよお。俺も見たかったよお」

「今度、1つは見れるよ。なんだっけな、シンプルイズベストのティーカップをもらえることになったからね。白に、ピンクの薔薇《ばら》のやつなんだ」

「すごいなあ。仲いいんだなあ」

「全然、仲よくなんてないし、アフヌン会とか、本当は興味ないし。というよりね、薔薇も花のなかで、特に好きじゃないし」

「おまえ、ひどいなあ。こわくなってきたよお。そういえば、昨日、パンケーキ食べたあと、本屋で二人で見た、あの縄の歴史にも興味あるなんて……。いてっ」

「そんなものに、興味あるわけないだろ！　アフヌンや薔薇はね、女子は好きなんだよ、基本。縄の歴史が好きなやつなんて、おまえくらいしかいない。でさ、スマホで調べたの。急いで、ナツムからメッセージが届いたふりしてね」

「おまえ、なにやってるんだよお。まさか値段調べたのかよお」

「もちろんさ、だって一番高く売れるやつがいいからね」

「使うつもりないのかよお」

「そうそう。売りに出す！　で、そのシンプルな、白と薔薇のやつ。ネットで調べたら、4万5000円もするみたいで、一番高かったんだよね。だから、それにした。しかも、ペアだから、×《かける》2個で9万円だよ」

「おまえ、悪人《あくにん》だなあ。友達の善意《ぜんい》なのによお」

「それ、おまえにいわれたくないけど。借りた英語の漫画、借りパクしようとしたくせに」

「違うよお。それは、たまたまロッカーに保管して読んでいただけだったんだよお」

「へえ。まあ、それはいいけど。ティーカップ、フリマで売れたらさ。ナツムにも、一部還元《かんげん》する予定だからね。値上げされても、これなら買えるわ」

「な、なんの話だよお」

「それは、それで乞《こ》うご期待」

優子は、落胆《らくたん》した。もともと、馬《うま》が合わなそうだとは思っていた。しかし、学校のグループワークを一緒にすることになり、いざ話してみると、そんな印象は払拭《ふっしょく》されていた。それで、すっかり仲よくなれたと思っていたのである。

こんなことを聞いては、もはやマインセイのティーカップをあげる気にはなれなかった。

しかし、後日《ごじつ》、家に突然やってきたワカメから「あのティーカップ、取りにきたよ！」と、優子はいわれた。

「うん。あれね……。やっぱり、ちょっと難しくなった」と優子が答えると、「それはないでしょ。もう、契約済《けいやくず》みだから。さあ、引き渡してもらおうか」と、ワカメは居丈高《いたけだか》にいった。

ジャスティン教授の法律アドバイス❺

なんだか、わたしのまわりのいろいろな人たちの間で、トラブルが起きてます。ぐるぐるしてきました。ワカメちゃん、いま思えば、古書店で高い額を出してでも本を買おうとしていたのって、「ティーカップを売る予定だったから？」とすら思えてきました。そう考えると、個人的には、大親友のユッコ（山下優子）を絶対に今回は助けてあげたいです！あっ、読者の方には、時系列《じけいれつ》が前後《ぜんご》したやりとりになり、すみませんが、お付き合いください。

今回も、契約は成立しているのだろうか？

口約束でも契約は成立しますよね。そのことも、ワカメちゃんにアドバイスしちゃったわたしが、大反省です。

まあ、でもそれが法律なわけだし、古書店での件は、あれはあれで無事解決したところだよね。

ええ。それがよかったのかなあ……。なんて、主観《しゅかん》が入ってますね。はあ、でも、口約束でも、契約は成立しますし、ユッコはあげるっていってました。どのティーカップなのかも、箱から出して選ばせたようですし。

そうだね。今回は、タダで物をあげる約束をしている。これは、「**贈与契約**《ぞうよけいやく》」にあたるよ。贈与契約も、原則どおり書面《しょめん》によらなくても成立する。口約束でもよい、ということだ。だから、贈与契約は成立しているだろう。あとは、**証拠**があるかどうかになる。

今回はユッコから相談を受けているので、ワカメちゃんがスマホで録音とかしていたかはわかりませんが、古書店《こしょてん》のときにも機転《きてん》をきかせて録音していた子ですから……。

うん、確《かく》たることはわからないけど、録音していたかもしれない。ただ、二人で部屋にいて、すぐ近くにいたのだろうから、録音までできたのかは疑問でもあるけどね。

どうでしょう……。頭の回転の速さと、ずる賢《がしこ》さ？　なんていっていいのかわかりませんが、なかなか賢《かしこ》い子ですから。って、先生、もう今回はお手上げってことですか？

いや、そんなことは……。

って、なんでこれまで、トビタくんもワカメちゃんも助けてきたのに、このバカップルのために、大親友のユッコが犠牲《ぎせい》にならなきゃいけないの？　って、先生にいっても仕方ないけど、これまで助けてあげた、抜けている人たちは救われて……、って、これじゃパパも抜けてるみたいか。うーーーー。ジャスティン先生！

まあ、まあ。今回も、法律は助けてくれるよ、大丈夫だ。

って、契約は成立してるんですよね。

もちろんだ。

なにが、もちろんだ、ですよ。じゃあ、ダメじゃないですか。抜けてるパパのときみたいな……時効でもないし。ユッコがかわいそう！　って、ユッコも作家のお父さんがもらったものをあげようとしたわけだし、損するわけではないのか。ん？　いや、でも、そういう問題じゃなくて、ワカメちゃんが得するのは許せないです。

感情的なことは、なんともいえないけど。

だって、わたしたち人間ですよ。ジャスティン先生！　もう、泣きそうです。

まあ、落ち着いて。大丈夫なんだよ。贈与契約は……。

贈与契約は？

契約が成立したとしてもね。

はあ。

「書面によらない贈与」の場合、契約が履行《りこう》されるまでなら、**いつでも解除《かいじょ》できる**んだよ。

えっ？　そうなんですか。

うん。だって、もともとタダであげようという約束だからね。

なんだあーーー。もう、先生！　本当に頼《たよ》りになります！　法律すごいかも。

後日、ジュリはユッコに、書面によらない贈与はいつでも解除できることを伝えた。「口約束でも、契約は成立するんだよね」という、しつこいワカメのメッセージに対し、ユッコは「**書面によらない贈与なので、解除するね！**」と返信した。

こうして、グループワークは淡々《たんたん》とやるしかなくなったが、ワカメからの請求は止《や》んだ。価値を改めて知ったユッコは、ジャスミンティをマインセイの2つのカップに注ぐと、ジュリと一緒に味わった。

法律用語の使い方⑤

「書面によらない贈与《ぞうよ》なので、解除《かいじょ》するね！」

■第5話で押さえておきたい法律用語

贈与契約／書面によらない贈与／解除／贈与の履行

■解説

人に物やお金をタダであげることを、「**贈与**」といいます。

民法には、こうした贈与が契約として成立する場合を定めています。それは、ある財産を無償《むしょう》で相手に与《あた》える意思が表示され、その相手がこれを受諾《じゅだく》することによって成立するとされています。これが「**贈与契約**」です。

相手にタダで財産を与えるというのは、それに見《み》合《あ》う**対価《たいか》**（代金など）を受け取らない、ということです。対価として代金《だいきん》を受け取る契約であれば、これまで解説してきた売買契約が成立します。この場合、売主は買主に代金の支払《しはらい》を請求できました。

また、相手にお金を渡した場合でも、あとで返してもらうことを前提にする場合があります。「10万円を貸してあげよう、でも、あとで返してね」「ありがとう。必ず返します」という合意があれば、すでに解説をした「消費貸借契約《しょうひたいしゃくけいやく》」が成立したことになります。貸主《かしぬし》（貸した人）は、借主《かりぬし》（借りた人）に10万円の返済を請求できました（消滅時効にかかってしまえば、別ですが）。

これに対して、贈与契約の場合、無償で財産を相手に移転させる**贈与者《ぞうよしゃ》**（贈与をする人）は、**受贈者《じゅぞうしゃ》**（贈与を受ける人）から、その対価を受け取ることはできませんし、あとで返してもらうこともできません。ただし、対価には見合わないような一定の行動を行ってもらうことを、贈与の前提にすることは可能です。これを、「**負担《ふたん》付き贈与**」といいます。

今回の例では、ユッコは、ワカメに特に何をしてもらうこともなく、マインセイのティーカップのペアをあげることを約束しています。ワカメも、その意思に応じていました。ですから、ユッコの部屋でアフヌン会をしていたときに、二人には贈与契約が成立したことになります。

贈与契約も、口約束でも成立します。契約書などの書面がなくても、贈与者と受贈者の「○○をあなたにタダであげますね」「あなたから○○をタダで受け取りますね」という意思の合致《がっち》があれば、口頭であっても契約は成立するのです。

しかし、そうなると、何かのはずみで、気をよくして、「おお、それ、あげるよ」「おまえに、1万円あげよう」などといってしまい、あとから「やっぱり、あげたくない」「余計なことをいってしまった」と思い直すこともあるでしょう。

これが、通常の契約であれば、お互いの約束ですから守りましょう、ということになるわけですが、売買契約などと異なり、贈与者は相手に財産を与えるという行為をするだけで、何も得ません。損をするだけの契約ですよね。

そこで、契約書などの書面に残して、慎重に検討した場合でなければ、つまり、**書面によらない贈与契約であれば、あとから、いつでも解除《かいじょ》できる**とされています。

これは受け取りたくないということもあるかもしれませんので、受贈者から契約を解除することもできますし、贈与を口約束した贈与者もあとから、その成立した契約を自分だけの意思で「なしにできる」ということです。

ところで、未成年者が保護者の同意なく行った契約は、あとから取り消すことができました（第1話参照）。このように契約が取り消されると、遡《さかのぼ》って、最初から契約がなかったことになりました。

契約が解除された場合は、成立していた契約が、あとから解除されたことになります。

最後に、書面によらない贈与でも、**履行**《りこう》が終わった場合には、さすがに当事者の一方から解除をすることは、できなくなります。履行とは、約束したことを実際に行うことです。第5話の例でいえば、ユッコはワカメに「あげる」と約束はしたものの、後日引き取りにくることになっており、贈与契約の目《もく》的物《てきぶつ》（マインセイのペアのティーカップ）を受け取っていませんでした。そのため、ユッコは贈与契約を解除することができたのです。

　もっとも、この書面によらない贈与の解除ができないのは、一方《いっぽう》の当事者からのものです。お互《たが》いに合意《ごうい》して、やはり解除しようとするのは、履行が終わってからでも可能です。当事者双方《そうほう》の合意によってなされる解除は、「**合意解除**」と呼ばれます。

　この解説に関連する法律の条文を、最後に挙げておきます。これまでの解説の根拠になる規定です。法律の条文を実際に読んでみたい方は、ぜひ確認してみてください。

◉民法

（贈与《ぞうよ》）

第五百四十九条　贈与は、当事者《とうじしゃ》の一方《いっぽう》がある財産を無償《むしょう》で相手方《あいてかた》に与える意思《いし》を表示し、相手方が受諾《じゅだく》をすることによって、その効力を生ずる。

（書面《しょめん》によらない贈与の解除）

第五百五十条　書面によらない贈与は、各当事者《かくとうじしゃ》が解除《かいじょ》をすることができる。ただし、履行《りこう》の終わった部分については、この限りでない。

（贈与者の引渡義務等《ひきわたしぎむとう》）

第五百五十一条　贈与者は、贈与の目的である物又は権利を、贈与の目的として特定した時の状態で引き渡し、又《また》は移転することを約《やく》したものと推定《すいてい》する。

（略）

第6話

バイト先でトラブル発生。先生、助けてください！

「重過失《じゅうかしつ》がある場合は、
錯誤取消《さくごとりけ》しはできないですよね」

シーン❶ ベストセラー小説の売れ行き

「いやあ、村下夏樹《むらしたなつじゅ》の本は、マジでよく売れますね」

「書店にとっては、ありがたい方でね。ノーベル文学賞も間近《まぢか》といわれている大作家の先生の小説でしょう。新刊《しんかん》となれば、何年も長編小説をファンは待ちわびているからね」

「そんなに、すごいんすか。『ローマの森林《しんりん》』書いた、この作家さん」

「そりゃそうよ。わたしたちが学生のころから、ずっとよ。もう世代を超えて愛されているんじゃないかしら」

「じゃあ、僕も今度読んでみようかな。でも、3冊もあると、大学生活で忙しい僕には、きついっす。ってことで、今日はお先、帰ります」

「遅くまで、おつかれさま。あっ、そうそう。しばらく、企業のあれなのよね？ そう、インターンシップよね。あと、あれね？ 大学の合宿なんかでこれないのよね？」

「ええ。しばらくですが、すみません。就活もいまは、学生時代のインターンが結構《けっこう》重要になっているんですよ。サークルやゼミの合宿も9月に集中していて」

「いいのよ。代《か》わりに、短期で女子高生がアルバイトできてくれることになってるから」

「マジっすか。僕、JK《ジェーケー》と一緒にバイトしたかったんすよ。ん？　あれ……」

駅前にある街の小さな書店は、20時の閉店時刻を過ぎ、店長の本御宇瑠子《ほんおうるこ》は1日の片づけをしていた。店内に明かりをつけて作業をしているため、ガラス張りの書店を外から見つけ、まだ営業中だと勘違《かんちが》いし、入口ドア付近《ふきん》にやってくる人もいる。

閉店というドアの文字を見つけると、あっという顔になり開いてしまった口をすぐに閉じ、そのまま足早《あしばや》に立ち去っていく――。そんな閉店後の見慣れた光景の中に二人は、村下夏樹の新作と思われるブルーのカバーの小説を右手に携《たずさ》える、大学生風《ふう》の男を見つけた。クルクルのパーマをかけた黒髪で、丸いメガネをかけている。その男は、何かいいたそうにこちらを眺《なが》めていたが、しばらくすると夜の街に消えて行った。

「いまの子も、この本を持っていたわよね。おかげで、明日も忙しくなりそう。じゃあ、元気でね」

「あ、はい。でも、いまの人、この1か月くらいよくくるようになった常連《じょうれん》さんすよ。僕がレジのときにもよく見かけました」

「あら、わたしは、あまり見たことなかったけど。そうなのね」

シーン❷ 書店のバイトは暇《ひま》……ではない？

「じゃあ、今日からよろしくね。うちは小さな書店だから、日中はそんなにお客さんも多くはないけど、駅前ということもあって、特に平日は夕方くらいから結構多くのお客さんがいらっしゃるのよ」

「そうなんですね。初めてなので、緊張します」

「まあ、今日は月曜だし、4時くらいにならないと、人は少ないと思うわ。かえって暇《ひま》かもしれないけど、その間にお店に慣れておいてもらえればいいわよ」

「ありがとうございます。それにしても、この村下夏樹の新刊、やっぱり売れてますか？」

初バイトの女子高生は、レジ前に大きく貼《は》られた新刊のＰＲポスターを見つめた。

「そうなのよ。最近の高校生は、こういうのを読むかわからないけど、小説がなかなか売れないなかで、この方の作品だけは別格《べっかく》なのよね」

「やっぱり、そうなんですね。わたしの友達のお父様《とうさま》が作家さんで、この前もその子のおうちで紅茶を飲んでいたら、突然現《あらわ》れて、村下夏樹のこと、めちゃライバル視《し》してました」

「あら、よく知ってる方なの？」

「はい。幼なじみで、よく家に遊びに行くので、気軽に声をかけてもらいます。ちょっと変わった方ですけど、わたしには優《やさ》しいです」

「うちにあるかしらね、そのお友達のお父様の作品。あまり広い店舗《てんぽ》じゃないから……。でも、そこの日本の作家（男性）の棚《たな》を見てもらったら、1冊くらいはあるかもしれないわね」

「ちょっと、見てみます。いいですか？」

「ええ、もちろん。まだ、お客さんもいらしてないし」

女子高生は、その棚の近くに行くと、五十音順《ごじゅうおんじゅん》になっていることを確認し、「い」から始まる作家名を確認した。しかし、そこに友達の父親の作家の名前はなかった。

次の瞬間、入口のドアが開いた。クルクルにパーマをかけられた黒髪に、丸いメガネをかけた大学生らしき男が入ってきた。

「あ、わたし、レジ行きます」

「ありがとう。では、湯村《ゆむら》さん、よろしくね」

レジに立つと、その大学生風の男は、店内の本を見ることもなく、一目散《いちもくさん》にジュリのところにやってきた。書店のバイトの初日で緊張して、身体《からだ》をこわばらせた女子高生に、大学生風の男は、「これなんですよね。これなんです」と小声でつぶやきながら、レジの上に鞄《かばん》から取り出した本を置いた。

「いやあ、万引きとかじゃないんですよ。そうじゃないんです。そうじゃない」

「はい？　どういったご用件《ようけん》でしょうか？」

ジュリは相手の声が聞き取りにくかったので、普段より大きめの声で確認をした。

「これ、先日、こちらで購入したんですよ。ちゃんと、レシートだってありますよ。ええ、あります」

そういうと、男は財布から取り出したレシートも、レジの上に置いた。

レジに置かれた本は、話題の村下夏樹の新刊小説の上巻《じょうかん》だった。レシートにもたしかに、この書店で購入したことがわかる記載がある。

「えっと……。乱丁落丁《らんちょうらくちょう》等がございましたでしょうか」

「そういうことはないんですけどね。中巻《ちゅうかん》を買ったつもりだったんです。レジで大学生っぽいバイトの男の人にカバーをつけてもらったから、わからなくなっちゃいましてね。帰りの電車の中で、最寄駅《もよりえき》付近《ふきん》になって『さあ、読もう』と思ってカバーのかかった、この本を鞄から取り出したらですよ、取り出したらです……」

「中巻じゃなくて、上巻だったのですね。返品《へんぴん》でしょうか。すでにお買い上げされてから、7日ほどたっているようですが」

「いや、そりゃ、わたしもキャンパスライフがありますからね。すぐにはこれなかったんですよ。で、これって学校の授業で習ったんですけどね。『錯誤《さくご》』なんですね、民法《みんぽう》の。勘違《かんちが》いです」

「はい……」

「ですから、上巻は錯誤なので返しますから、代金を返してもらえませんか」

「じゃあ、その代金で代わりに中巻を買われますか?」

「ええ、気が利《き》きますね。新入《しんい》りのバイトさん」

わ、最初のお客さんから、褒《ほ》められた。ジュリは、店の奥からこちらを眺《なが》めていた宇瑠《うる》子《こ》さんに微笑《ほほえ》んだ。

「湯村さん、確認だけお願いね。村下夏樹はまぎらわしい3冊があるから」

「えっ、あっ。もう一度確認ですが、上中下《じょうちゅうげ》と3冊あるのですが、中巻でよろしかったですか?」

男は俯《うつむ》いたまま、「よろしくお願いしますよ」といった。

シーン❸ 1週間後、再び……？

2週間の短期バイトにも、ずいぶん慣れてきた。この1週間、店長の宇瑠子さんのいうように、午後4時を過ぎると、ジュリがバイトを始めた小さな書店には、たくさんの客が訪れた。そして、村下夏樹の小説を買って行った。ふだんよりも、本の売れ行きがよい時期だったようである。忙しい分《ぶん》、仕事に慣れるのも早かった。

そんな日の午前に、例の大学生風の男が再び書店にやってきた。

この前は結局、店長の宇瑠子さんに確認したところ、間違いなら仕方ないからということで返品に応じ、村下夏樹の新刊小説の上巻を引き取り、中巻を渡したのだった。7日もたっていたが、返品するという上巻は新品と変わりない状態だったので、やむなしと宇瑠子さんは判断したようである。

その男は、「これ、なんですよね。これなんです」と小声でつぶやきながら、ジュリの前にくると、レジの上に鞄から取り出した本を置いた。

「いやあ、万引きとかじゃないんですよ。そうじゃないんです。そうじゃない」

えっ？　また……。ジュリは、嫌な予感がした。

まさか、村下夏樹の新刊小説の下巻を買うつもりだったのに、中巻を買ってしまったとかじゃないよね……。

そして、嫌な予感どおり、その本の表紙を見ると、村下夏樹の新刊小説の中巻だった。

「で、これって、あの大学の法学の授業で習ったんですけどね。錯誤なんですね。勘違い、ええ」

「勘違いがあったので、この前、上巻を返品され、中巻をお持ち返られましたよね」

「ところが、わたしは、こういったんですよね。『ですから、上巻は錯誤なので返しますから、代金を返してもらえませんか』と」

「ええ、それで、こちらも対応しましたが……」

ジュリは、宇瑠子さんに助けを求めようとしたが、ちょうど、買い物に出かけてしまっていることに気がついた。

「そして、あなたは、『じゃあ、その代金で代わりに中巻を買われますか?』といった。でも、でもですね。僕は、勘違いしてたんだな。ええ、下巻を買おうとしていたんです」

「それで、また、その、さ……?」

「ええ、錯誤でした。なので、中巻を返しにきました。代金を返してもらえませんか?ああ、もちろん、それで本来買おうとしていた下巻をですね。そっちをもらえれば、問題ないですけどね」

「ちょ、ちょっと、待ってください。わたし、バイトで。いま店長さんが不在なので……」

「いやあ、前のバイトの男の人は、いつも対応してくれていましたよ。店長さんに確認などせずに……」

なるほど、そういうことか……と、ジュリは察《さっ》した。わたしの前にバイトをしていた大学生の男子のことを、宇瑠子さんは「ちょっと軽いのよね」といっていた。もしかしたら、この法学部生風の男のいうなりになっていて、書店がカモにされていたのかもしれない。

これは、やばい。どうしよう――――?

ジャスティン教授の法律アドバイス❻

先生、助けてください。いま書店のバイト中なんですけど。

書店でバイトとは、なかなか渋《しぶ》いね。あっ、そうそう、ちょうど最近発売された村下夏樹の本なんかも、やはり売れてるのかな。

ええ、もちろんです。それで……。

そうかい。じゃあ、わたしもちょうど読みたいと思っていたところだから、今度、湯村さんのバイト先に行ってみようかな。

あ、ありがとうございます。で、先生、その……あっ、はい。

（大学生風の男がジュリに近寄りながら、ぶつぶつといってせかしてくる）

すみません。ちょっと、法律に詳《くわ》しい先生に確認をさせてもらっているんです。少しお待ちください。

なんだか、トラブルが起きているようだね。時間もなさそうだから、単刀直入《たんとうちょくにゅう》に話してみてくれないか。

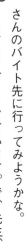

わたしは、最初から単刀《たんとう》……って、それどころじゃないか。あの、お客さんから、法学部の学生さんぽいんですけど、サクゴ？　で……。その、勘違いで、下巻のつもりが、中巻を買っちゃったから、返品《へんぴん》したいといわれてるんです。

たしかにね。民法では、**錯誤**《さくご》のあった契約は、取り消すことができるとされている。前にも、未成年者取消《とりけ》しのときに、少しだけ話したよね。

ええ、そうでした。なので、最初のときも上巻ではなく中巻のつもりだったと、そのお客さんから錯誤を主張されたので、上巻をお引き取りして、中巻をお渡ししたんです。

ずいぶん、丁寧《ていねい》な対応をしたんだね。まあ、しっかりお店の側で確認をしておけば、その主張自体も、本当は難しかったと思うけど。

えっ？　確認ですか！　それなら、ちゃんとしてます。宇瑠子《うるこ》さんからも、念を押されて……。

えっ？　誰だい？　売り子さん？

すみません。店長さんです。

確認しているなら、**錯誤取消し**はできないよ。意思表示をした者に錯誤があった場合でもね、**重過失**《じゅうかしつ》があれば錯誤取消しはできないんだ。

ジュウカシツって、何ですか？

ちょっと気をつければ、勘違いに気づけたってことだよ。**過失**《かしつ》は不注意《ふちゅうい》のことなんだけど、不注意の程度《ていど》が重いってことだね。

だったら……。

（大学生風の男がジュリを睨《にら》みつけて、「早く対応を……」といってきた）

あっ、すみません。すぐなので、もう少しだけお待ちください。ジャスティン先生、わたし、『上中下と3冊あるのですが、中巻でよろしかったですか？』と確認してました。

村下夏樹の新刊は、『ローマの森林《しんりん》』だったかな。

そうです、それ。3冊ともブルーのカバーですし、上、中、下の区別があるかも知らない人がいたり、知っていても間違って買ったりしてしまう場合は、たしかにありそうなんです。

だからこそ、明確に確認したわけだ。全部で3冊あることを示したうえで、中巻でよいですね、と。

はい。

では、こう返せるだろう。そうだな。法学部の学生みたいだから、『こちらでは、確認もさせていただきましたよね。重過失がある場合は、錯誤取消しはできないですよね』と。

ありがとうございます。じゃあ、切りますね。

ジュリは、ジャスティン教授のアドバイスに従い、「先日、こちらでは、確認もさせていただきましたよね。**重過失がある場合は、錯誤取消しはできないですよね**。民法に、そう規定されてませんでしたっけ？」と、クルクルパーマの大学生風の男に伝えた。

「そ、そりゃあ、そうだよね。しかし、高校生なのに、よく知っていたね。ええ、それからさ、いま相談していた電話の相手は、弁護士さんとかじゃないよね」

そういうと男は、汗をかきながら中巻を鞄にしまうと、店のドアから出て行った。

法律用語の使い方⑥

「重過失《じゅうかしつ》がある場合は、錯誤取消《さくごとりけ》しはできないですよね」

■第6話で押さえておきたい法律用語
契約の有効要件／錯誤取消し／動機の錯誤／重過失

■解説

意思表示《いしひょうじ》と意思表示の合致《がっち》があれば、契約は成立します。書店での本の販売は、お客さんからレジに提示された本について「その本を、表示価格で購入します」という意思が示され、書店がそれに応じるものです。「売買契約《ばいばいけいやく》をします」とお互いにいったわけではなくても、通常、そこには売買契約が成立していることになります。

今回の例も、ジュリがバイトをする前に、男子学生がバイトをしていたときに、村下夏樹《むらしたなつじゅ》の『ローマの森林（上）』をレジに提示し、クルクルパーマの法学を学んでいるという大学生風の男（自称《じしょう》法学部生？）が購入したわけです。よって、上巻について、売買契約が成立していたことになります。

1週間後の返品に応じるかどうかは、書店（売主）次第です。民法の規定を見ると、錯誤に基づく契約については、その錯誤に陥《おちい》っていた者が契約を取り消すことができるとされています。これを「**錯誤取消し**」といいます。

取消しのできる期間について、民法はこれを制限する規定を置いています。第1話の未成年者取消しでも説明したように、**取消権者が取消しをできる期間は5年**です。錯誤による意思表示については、こうした瑕疵《かし》ある意思表示をした者が、取消しをできる者（取消権者）になります。今回の場合は買ってから1週間しか経《た》っておらず、取消期間を過ぎたことにはなりません。

ジュリが最初のバイトで返品に応じたのは、自称法学部生から「錯誤なんです」といわれたためでした。上巻はすでに購入して読んでいたのでしょうか。それで中巻を買うつもりが、間違えて上巻をレジに持ってきてしまった。3冊ともブルーのカバーで間違いやすいようなので、あり得なくはないでしょう。

こうした買う側の勘違いは、書店では、特に何十巻も刊行されているような漫画でよく起きがちなことかもしれません。そういうことがないよう、小説の上下巻や、巻が複数あるものについては、店員さんから「下巻ですが、よかったでしょうか」などと確認されることもあります。特に、最初の巻でないものだけを購入しようとしたお客さんに対して、こうした確認がされることが多いようです。

錯誤とは、**勘違い**です。実際に表示した意思としては「上巻を買います」だったけれど、自分が買おうとしていたのは「中巻を買います」だった。こういう場合、相手には、その勘違いが伝わりません。

そこで、錯誤に陥って意思表示をした者に、**「重大な過失《かしつ》」があった場合には、錯誤による取消しはできない**とされています。**重過失**とは、ちょっと注意すれば気づくことができた不注意を指します。単なる過失（不注意）よりも、重いものです。

今回の例でいえば、購入しようとした作品が上中下に分かれていることを知らないで、購入しようとする人がいるかもしれません。特に、3冊とも同じ青色では気づきにくいでしょう。そうすると、上巻を買うつもりで中巻であると気づかずに間違えて購入してしまった、ということはあり得るかもしれません。

こうして、あとから勘違いでしたという返品が増えることを防ぐためには、レジで会計を行う際に「上でよいですか」「中でよいですか」「下でよいですか」という**確認**をしておくことが考えられます。これは、民法の規定に照《て》らして考えても、相手に勘違い（錯誤）がないことを確認させる機会を提供することにもなります。したがって、こうした確認は、相手に重過失が認められやすくなる工夫（錯誤の主張が認められにくくする対策）といえます。

クルクルパーマの自称法学部生は、なんだか確信《かくしん》犯《はん》のような様相《ようそう》もあります。前の対応が緩《ゆる》かった男子学生のバイトに、本を読んでしまってから「錯誤でした」といって返品に応じさせ、実質的に無料で次に読みたい本を手に入れていた可能性もあります。

そこまできたら、お店に対する**詐欺**《さぎ》になる可能性もありますが、そこまでは物語からはわかりません。

また、錯誤取消しは、不動産の売買など契約書をつくって行った大きな金額の契約などで、あとからわかった勘違いを解決するために、裁判などで主張する際に鍵となるものです。重過失があると錯誤取消しの主張は認められませんから、契約をする際には、売る側も、買う側も、売買の基礎となる事実はしっかり調査しておくことが必要です。

その意味で、現実に適用されるかは微妙な錯誤取消しですが、2億円もの税金がかけられるなら離婚の際に不動産を元妻に**財産分与**《ざいさんぶんよ》などしなかったとして、元妻に渡した不動産の返還を求める訴訟《そしょう》で、元夫が勝訴《しょうそ》した例もあります。

自分に2億円も課税されるなら財産分与などしなかった（実際にその銀行員の方の預貯金や収入ではおよそ払えない税金だった）、という特殊な例です。こうした事例でも、しっかり調べればよかったということで、重過失が認められて錯誤取消しの主張は認められないことが、現実の裁判では多いです。

この例の場合、錯誤の対象は「**動機**《どうき》」にありました。その不動産を元妻に財産分与する意思そのものに勘違いはなく、「自分に巨額の税金がかからないなら」という前提に勘違いがあったからです。こうした勘違いを「**動機の錯誤**」といいます（「基礎事情の錯誤」と呼ばれることもあります）。

動機の錯誤の場合、その動機が契約の際に相手に示されていることが必要になります。この点についても、注意が必要です。

　この解説に関連する法律の条文を、最後に挙げておきます。これまでの解説の根拠になる規定です。法律の条文を実際に読んでみたい方は、ぜひ確認してみてください。

◉民法

（錯誤《さくご》）

第九十五条　意思表示は、次に掲《かか》げる錯誤に基づくものであって、その錯誤が法律行為の目的及び取引上の社会通念に照らして重要なものであるときは、取り消すことができる。

一　意思表示に対応する意思を欠く錯誤

二　表意者《ひょういしゃ》が法律行為の基礎とした事情についてのその認識が真実に反する錯誤

2　前項第二号の規定による意思表示の取消しは、その事情が法律行為の基礎とされていることが表示されていたときに限り、することができる。

3　錯誤が表意者の重大《じゅうだい》な過失《かしつ》によるものであった場合には、次に掲げる場合を除《のぞ》き、第一項の規定による意思表示の取消しをすることができない。

一　相手方《あいてがた》が表意者に錯誤があることを知り、又《また》は重大な過失によって知らなかったとき。

二　相手方が表意者と同一の錯誤に陥っていたとき。

4　第一項の規定による意思表示の取消しは、善意でかつ過失がない第三者に対抗することができない。

（取消権者）

第百二十条　（略）

2　錯誤、詐欺《さぎ》又は強迫《きょうはく》によって取り消すことができる行為は、瑕疵《かし》ある意思表示をした者又はその代理人若《も》しくは承継人《しょうけいにん》に限り、取り消すことができる。

（取消権の期間の制限）

第百二十六条　取消権は、追認《ついにん》をすることができる時から五年間行使しないときは、時効によって消滅する。行為の時から二十年を経過《けいか》したときも、同様とする。

第7話

パパがお金を貸した友達から
時効だっていわれたみたい。
もうお金は返してもらえないの？

「催告《さいこく》により、時効《じこう》の完成は猶予《ゆうよ》されています！」

「権利の承認があったので、消滅時効は更新されていました」

シーン❶ 高校時代の友達に貸したお金が返ってこない？

夜のファミレス。コーラをひと口飲んでから、「困ったなあ。頼むよ」といいながら腕を組むと、40代と思われるスーツを着た会社員風《ふう》の男性は、ため息をついた。

「もう少しで何とかする。申し訳ない。あと少しで、お金は用意できるから、もう少しだけ待ってくれないか」

相手は、ブランドものと思われる上質なスーツに身をつつみ、中年男性としては肌のツヤもよく、ロングの髪が自然《ナチュラル》に合う。ジョッキでビールを豪快《ごうかい》に飲むこの男は、水商売《みずしょうばい》風《ふう》でもある。「困ったなあ」とため息をついた男とは、雰囲気が釣《つ》り合わない。

「兼夫《かねお》さ、この借用書を書いてもらったときは、1か月後に必ず返すといってたよなあ」

「ああ、そういった。そのときは……」

「まあ、実際に、返済期限として、その日付《ひづ》けも記載してあるわけだけど」

「だが思うように、まとまった金を良男《よしお》に返す余裕《よゆう》ができなかった。それで、ずいぶんと待たせてしまっている」

139 第7話 パパがお金を貸した友達から時効だっていわれたみたい。
もうお金は返してもらえないの？

「ずいぶんとだよね、ほんとに。兼夫が、会社から預かっていたお金を私的《してき》に使っていたことが上司《じょうし》に……、バレたんだっけ？」

「ああ、そうだ。本当に、申し訳ないことをした」

「申し訳ないことをされた相手は、兼夫の勤《つと》めている会社だと思うけどさ」

「ああ、そうだ」

「それで、50万円をすぐに用意すれば、今回は大目《おおめ》に見てやる、といわれた。だっけ？」

「そうだ。良男のおかげだよ。あのとき、良男が50万円をポンと貸してくれた」

「ポンと、なんていうけどさ。高校時代によく遊んだ仲だし、助けてもらったこともあったからさ。兼夫が涙を流すのも、初めて見たしなあ。まあ、それはいいんだけど、いずれにしても、貸した50万円、もう数年たつのに、返済はまだ難しいわけね？」

「すまないが、来月には返せると思う」

「返せると思う、か……。そのセリフ何度も聞いてきたけど、なあ、兼夫。それにしても、会社のお金を使うなんて、ふつうは業務上横領《ぎょうむじょうおうりょう》っていうのか。見つかったら、懲戒免職《ちょうかいめんしょく》じゃないか。兼夫の会社は、ずいぶんと寛容《かんよう》なんだなあ。いまでも、そこに勤めているんだろう」

「恩《おん》に着《き》るよ。良男がいて、いまの俺がいるわけだ。あの5年前のいざこざにもかかわらず、良男は……」

「まあ、わかった」というと、良男はコーラを飲み干《ほ》した。「今日はもう帰る。来月には、本当に頼むよ」

「もちろんだ」というと、兼夫と呼ばれた男はウインクをした。

お金を借りている側の兼夫のほうが、羽振《はぶ》りがよさそうにも見える。お金を貸して返済をしてもらえない側の良男は、テーブルの上に置いていた借用書《しゃくようしょ》の返済期限の欄《らん》を改めて凝視《ぎょうし》する。そして、「じゃあ、また。お代《だい》はいいのね？」と確認した。

「ああ、もちろんだ」

「悪いな。ごちそうさま」

シーン❷ 父と娘と母との会話

湯村良男《ゆむらよしお》が帰宅し、妻から「お帰りなさい」といわれるとすぐに、「ねえ、あなた。わたしたちの結婚20周年記念ももうすぐよね。そろそろ、レストランの予約をしない？」といわれた。玄関口《げんかんぐち》からマンションのリビングに通じる廊下《ろうか》を二人は一緒《いっしょ》に歩く。

「そ、そうだね。君へのプレゼントも、そろそろジュエリー店に見に行かないとね」

「ジュリももうすぐ大学だし、そんなに高いのはいいのよ。でも、あのレストランは、10年ぶりになるし、高級店だけど3人で絶対に行きたいわ」

リビングに着くと、「パパ、お帰り」と娘《むすめ》が迎《むか》えた。

「なんか、疲れてる？　パパ」

「そ、そんなことはないよ。それにしても、この前はジュリのアドバイスのおかげで助かったよ」

「消滅時効《しょうめつじこう》のことね。でも、ほんとはそもそも借りてもなかったんでしょう？」

「うーん。いろいろお世話になっていた大学時代の友達ではあったからね」

「パパが、逆に高校時代の友達にお金を貸してたとかだったら、『消滅時効を援用《えんよう》します！』といわれてしまったりして……」

目の前の受験を心配する母は、法律用語を話す高校生の娘にこういった。

「法学部に行きたいのはよくわかったけど、いまは大学受験の勉強をしっかりしなさいよ。どこで出会ったのかはしらないけど、ジャスなんとか先生との法律授業も、大学受験には役に立たないでしょう」

「ジャスティン先生の法律用語を使ったお話は、高校生にもよくわかるし、パパだって助けられたじゃん。ユッコだって、あのワカメちゃんですら……」

「わかったわ。まあ、パパも、もうトラブルに巻き込まれることもないでしょうし、ほどほどにね」

「はーい」と、ジュリは答える。

妻と娘の会話を目の前で聞く湯村良男は、下を向いたままだった。

シーン❸ 英語の勉強をしていると……

夜ご飯を食べると、ジュリは自分の部屋にこもり、英語の勉強を始めた。苦手科目は、中学のころから数学である。大学受験の志望は私大文系なので、数学は使わないで済《す》む。学校の試験で伸《の》び悩《なや》んでいるのは、英語だった。何とかして、底上《そこあ》げしなければならない。

英語の勉強をして30分ほどしたとき、不意に部屋のドアをノックする音が聞こえた。

コンコン、コンコン……。

「ちょっと、いいかな。ジュリ」と、パパの声が聞こえてきた。

「どうしたの？　わたしの部屋にくるなんて珍《めずら》しいじゃん。どうぞ」

ドアを開けると、なぜか青白《あおじろ》い顔をしたパパが立っていた。

「パパ。さっきより、さらに顔色がよくないみたいだけど……」

「いやね、ジュリ。ちょっと入らせてもらうよ」

そういうと、パパはジュリの部屋に入り、ドアを閉めた。

「なに？　いったい、どうしたの？　また、あの人からお金を請求された？　それとも……。まさか、見知らぬ人から脅《おど》されているとか、じゃないよね？」

「いや、そんなことじゃないんだよ……。ただ……」

「ジャスティン先生に、相談してみたほうがよさそうなことなの？」

「いや、ロースクールの先生にご迷惑をおかけするわけにもいかないし。これはプライベートなことでね。ママには、このことはいわないでほしいんだけど……」

「いったい、なに？」

「今度の、結婚20周年のお祝いのことだよ」

「なんだ！　そのサプライズの打ち合わせってことか！」

「まあ、そうなんだけど、そのサプライズのためにも必要なのはお金になるわけでね」

「ママが、そんなに高いのはいいっていってたよ」

「それはそうなんだけど、小遣《こづか》い制《せい》の我《わ》が家《や》で、パパも奮発《ふんぱつ》したいわけさ。お金をコツコツためておけば、よかったのだけどさ」

「え？　……パパ、って、まさかゴルフに使っちゃったわけ？」

「いや、まあ。あてがあったんだよ。まとまったお金が入る……、というね」

「なにそれ。なになに？」

「お、お金をさあ、高校時代の友達に5年ほど前に貸してさ……」

「それって、この前のと逆バージョンじゃん。パパが貸したお金が返ってこない？　って、さっきのわたし予言的中《よげんてきちゅう》？」

「そう、まさに的中なんだよ。そして、この前の相談で教えてもらった消滅時効を兼夫《かねお》からいずれ援用《えんよう》されるだろうなあ……」

そういうと、湯村良男は頭を抱《かか》えた。

「消滅時効を援用されたら……。しかも、5年って。期限から5年たっている？」

「来月には期限から5年を……迎《むか》える」

良男の顔が、さらに青ざめた。

「まあ、そしたら、この前のと、お相子《あいこ》じゃん……。って、いくら貸してたわけ？」

「それが……」

「それが？」

「ママには内緒《ないしょ》でね、高校時代の友達の尻《しり》ぬぐいに、ご、50万円さ。はははは」

「そんなに？　でも、サプライズにそんなお金を用意する予定だったなんて、ママ喜ぶよ。

消滅時効だって、援用されなければいいわけでしょ。よし、だったら一応、先生にも聞いてみるね」

シーン❹ 兼夫からのメール

1か月後、湯村良男が返済《へんさい》を督促《とくそく》したメールに対して、相手から返信が届いた。そこには、「返済期限から5年を経過してしまった。消滅時効を援用させてもらうよ。申し訳ない。鷺須木兼夫《さぎすきかねお》」と書かれていた。

ジャスティン教授の法律アドバイス❼

先生、またパパのことで、すみません。この前は**消滅時効**に救《すく》われたパパですが、今回は消滅時効にやられています。

お金の貸し借りが、**消費貸借契約**《しょうひたいしゃくけいやく》であること、貸したお金の返還を請求できる権利の消滅時効は、その権利を行使《こうし》することができることを知った時から5年であること。この2つのことは、前にも説明したよね。

ええ。今回は、借用書《しゃくようしょ》に返済期限も書かれていましたので、それから5年を経過してしまい、相手から消滅時効を援用されてしまうという……。ああ、無念《むねん》です、先生。

まだ、あきらめるのは早いよ。

えっ？　まだ、救いはあるのですか？　法律に？

時効制度は、何のためにあると思う？

ええーと、うーん。その……、そうですね。結構《けっこう》な長い時間がたってしまったことですし、それなのに権利を行使しない人も悪い……ですかね？

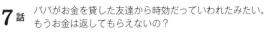

そうだね。**権利の上に眠る者は保護せず**、というよ。

パパは、権利の上に眠ってしまっていたのです……。

そうだろうか？ 湯村さんのお父さん、結構な頻度《ひんど》で催促《さいそく》をしてきたのではないかな？

ああ、そうです。そうそう、この前、先生にお電話でアドバイスをもらいましたよね。

そうだったね。まだ、消滅時効が完成する前だった。

はい。そのときのアドバイスに従《したが》い、パパには、50万円の支払を請求するように、改めて催促をしてもらいました。メールで。

それは、民法《みんぽう》の「**催告**《さいこく》」というものにあたるだろう。**時効の完成を猶予**《ゆうよ》**させる効果が生じる**ことになる。

えっ？ ちょっと、難《むずか》しすぎて聞き取れませんでした。サイソクでユウヨですか？

消滅時効は、権利の行使を怠《おこた》った人を前提とする制度だ。だから、権利行使に熱心だった人については、簡単に時効を完成させない仕組みにもなっている。

えっ？ じゃあ、催促のメールをしたパパは、権利の上に眠ってない？

十分熱心といえる。**催告をすると、そこから6か月は時効の完成が猶予される**んだ。

えっ？ じゃあ、まだ半年は大丈夫なんですね！ よかった。これで、ママもわたしたち家族も、救われます！ って、でも、半年たったら……？

半年以内に、裁判を起こせば大丈夫だ。

ま、また、裁判？

また？

あ、いえ。こっちのセリフです。じつは……。わたしが中学1年生のときにも、いろいろあったんです。そのときに、お金の貸し借りもあったのだと思うんですよね……。でも、裁判となると、憂鬱《ゆううつ》です。それしか方法はないのですか？

いや、ほかにもある。

えっ、先生。今日は、とても頼もしく見えてきました。

いつも、みんなを助けているじゃないか。

あ、すみません。切迫感《せっぱくかん》と絶望感《ぜつぼうかん》のある案件《あんけん》でしたので。

案件とは、もう湯村さんも法律家みたいだね。

これでも一応《いちおう》、法学部を目指してます！

がんばってくれたまえ。そうそう、消滅時効がリセットされる方法もあるんだよ。

リセットですか？　最初からやり直しってこと？

そうなんだ。

えっ。もう一度、5年ってことですか？

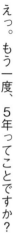

「権利の承認《しょうにん》」といってね。たしかに、『50万円をあなたから借りていることは認めます』であるとか、『あなたがわたしに50万円の返済を求める権利を持っていることは承知しています』であるとかだ。そこまで堅苦《かたくる》しい言葉である必要はないが、権利の承認があれば、**時効は更新《こうしん》**される。単に、「承認」とも呼ばれる。

わー、素敵。更新って、リセットされて、リスタートになるってことですか？

そうだ。それまで進行していた時効期間のリセットであり、新《あら》たな時効期間のリスタートでもある。

後日《ごじつ》、湯村良男《ゆむらよしお》は、これまでのメールのやりとりの中に、「権利の承認」をした文章を見つけた。ジュリのアドバイスに従い、良男は鷺須木兼夫《さぎすきかねお》に、「**催告により時効の完成は猶予されている**」こと、また、そもそも「**権利の承認があったので、消滅時効は更新されていた**」ことをメールした。

すると、観念《かんねん》したのか兼夫は、すぐにファミレスに良男を呼び出し、50万円全額を現金で持参し、コーラを注文したばかりの良男に返済した。「いやあ、ちょっと。最近、思わぬ大きな株の配当《はいとう》があってね」という鷺須木兼夫に、悪《わる》びれる様子《ようす》はまったくなかった。

しかし、こうして湯村一家《ゆむらいっか》は、幸せに包《つつ》まれた結婚記念日を過ごすことができた。

法律用語の使い方⑦

「催告《さいこく》により、時効《じこう》の完成は猶予《ゆうよ》されています！」
「権利の承認があったので、消滅時効は更新されていました」

■第7話で押さえておきたい法律用語

時効制度の趣旨／時効の完成の猶予／時効の更新／催告／権利の承認

■解説

消滅時効の制度趣旨《しゅし》は、権利の上に眠る者は保護しないことにありました。権利の行使を長年《ながねん》にわたり怠《おこた》っていた人の権利が失《うしな》われるわけですが、**権利の行使に熱心《ねっしん》であった人は、逆に保護されるよう**にもなっています。

ジャスティン教授の説明にもあったように、消滅時効には、時効が完成するのを引き延《の》ばす「**時効の完成の猶予**」と、消滅時効の期間の計算をリセットして、もう一度計算し直すことになる「**時効の更《こう》新《しん》**」があります。

どのような場合があるかについては、細《こま》かな説明にもなるので本書では省略し、詳細《しょうさい》を知っておきたい方は、あとで挙《あ》げる条文《じょうぶん》も見ていただければと思います。ポイントは、次のとおりです。つまり、第7話の例のように裁判外《がい》で相手に請求することは「**催告**」といい、**時効の完成を6か月間猶予させる**効果が生じる、ということです。

そのあとで裁判上《じょう》の請求をすることが必要になりますが、6か月は引き延ばしが可能になる、ということです。

確実なのは、「**権利の承認《しょうにん》**」（承認）をさせることです。メールなどで確認して、権利を改めて認めさせることができれば、時効の更新となります。そこからさらに、消滅時効の完成には、5年が必要になります。これは、なかなか強力な効果といえるでしょう。

といっても、そもそも、消滅時効の制度自体が、①永続《えいぞく》した事実状態を尊重すること、②証拠の散逸《さんいつ》を防止すること、③権利の上に眠る者を保護しないこと、にあったことを思い返してみてください（第4話参照）。

25年もたって、学生時代のことを突然主張されても……という第4話の物語とは、話の状況が違っていたことがわかるでしょう。それは、ジュリの父親（湯村良男《ゆむらよしお》）が、ファミレスで会ったり、メールをしたりしながら、まめに接触を続け、権利行使に熱心だった点です。

とはいえ、法律の定める「時効の完成の猶予」や「時効の更新」などが生じるように、催告（請求）をしたり、権利を承認させたりすること、それらの証拠を残しておくことも大事です。

なお、第4話の解説にも書いたように、民法改正前の消滅時効の規定が適用される場合は、そもそも時効期間は10年になります。改正前の民法が適用されるのか、現行法が適用されるのかについては、実際には、その都度《つど》の確認が必要になる点には注意をしてください。

この解説に関連する法律の条文を、最後に挙げておきます。これまでの解説の根拠になる規定です。法律の条文を実際に読んでみたい方は、ぜひ確認してみてください。

◉民法

（裁判上《じょう》の請求等《とう》による時効の完成猶予《ゆうよ》及《およ》び更新《こうしん》）

第百四十七条　次に掲《かか》げる事由《じゆう》がある場合には、その事由が終了する（確定判決又《また》は確定判決と同一《どういつ》の効力を有するものによって権利が確定することなくその事由が終了した場合にあっては、その終了の時から六箇月《ろっかげつ》を経過《けいか》する）までの間は、時効は、完成しない。

一　裁判上の請求

二　支払督促《しはらいとくそく》

三　民事訴訟法第二百七十五条第一項の和解又は民事調停《ちょうてい》法（昭和二十六年法律第二百二十二号）若しくは家事事件手続法（平成二十三年法律第五十二号）による調停

（略）

2　前項《ぜんこう》の場合において、確定判決又は確定判決と同一の効力を有するものによって権利が確定したときは、時効は、同項各号《かくごう》に掲げる事由が終了した時から新《あら》たにその進行を始める。

（強制執行等《きょうせいしっこうとう》による時効の完成猶予及び更新）

第百四十八条　次に掲げる事由がある場合には、その事由が終了する（申立《もうした》ての取下《とりさ》げ又は法律の規定に従《したが》わないことによる取消《とりけ》しによってその事由が終了した場合にあっては、その終了の時から六箇月《ろっかげつ》を経過する）までの間は、時効は、完成しない。

一　強制執行

二　担保権《たんぽけん》の実行

（略）

2　前項の場合には、時効は、同項各号に掲げる事由が終了した時から新たにその進行を始める。ただし、申立ての取下げ又は法律の規定に従わないことによる取消しによってその事由が終了した場合は、この限《かぎ》りでない。

（催告《さいこく》による時効の完成猶予）

第百五十条　催告があったときは、その時から六箇月を経過するまでの間は、時効は、完成しない。

2　催告によって時効の完成が猶予されている間にされた再度《さいど》の催告は、前項の規定による時効の完成猶予の効力を有しない。

（承認《しょうにん》による時効の更新）

第百五十二条　時効は、権利の承認があったときは、その時から新たにその進行を始める。

2　前項の承認をするには、相手方《あいてがた》の権利についての処分につき行為能力の制限を受けていないこと又は権限があることを要《よう》しない。

◎民法附則《ふそく》（平成二九年六月二日法律第四四号）

（時効に関する経過措置）

第十条　（略）

4　施行日前《しこうびまえ》に債権が生じた場合におけるその債権の消滅時効の期間については、なお従前の例による。

◎民法（平成二九年六月二日法律第四四号による改正前）

第百六十七条　債権は、十年間行使しないときは、消滅する。

第8話

それって権利なのかもしれないけど、主張するのはズルくない??

「これは、権利の濫用《らんよう》です⁉」

シーン❶ バイトの話——ユッコとジュリ

「本屋さんのバイト、どう?」

「駅前にある個人経営の書店なんだけど、宇瑠子《うるこ》さんも優《やさ》しいし、いいよー」

「誰? ウルコさんって? お店の人?」

「うん。本好きのおばさんだから、いろいろ教えてくれる。最近のベストセラー小説の作者の過去の作品のこととか。あ、村下夏樹《むらしたなつじゅ》、いるじゃん?」

「めちゃ売れてるよねー。村下夏樹。わたしも、じつはファンでさ。これ」

そういうと、ユッコは、自分の部屋の書棚《しょだな》にある『ローマの森林《しんりん》』と背表紙《せびょうし》に書かれた3冊の本を指さした。「上《じょう》、中《ちゅう》、下《げ》って、結構《けっこう》分量多いけど、読みだしたら寝れなくなっちゃうくらい、小説の世界に入れるんだよねー」

「あ、そういえば、その上、中、下でさ……」

ジュリは、ユッコの部屋でいつものジャスミンティを飲みながら、バイトで遭遇《そうぐう》したある出来事《できごと》を話した。

「へえ、クルクルパーマの黒メガネの人って、ほんとに法学部生なのかねー」と、ユッコが率直《そっちょく》な感想を述べた。

「でも、そうか。たしかに、そう思い込んでいたけど、錯誤とかだって、自分で調べただけかもしれないよね」

ジュリがそういった瞬間《しゅんかん》、部屋のドアの開く音がした。ドアを振り向くと、同時に「それは、なかなか面白《おもしろ》い話ですな」と、太い男性の声が聞こえてきた。

「ああ、パパ。なんで、急に入ってくるわけ。村下夏樹にまた嫉妬《しっと》してる？」

「あっ」

ユッコの父親は、作家である。ジュリは、宇瑠子さんの書店で探したときに、伊鶫田計《いうだけい》の本が1冊も置かれていなかったことを思い出した。

「書店のバイトとは、いい経験をしていますな。いま部屋の外からこっそり聞かせてもらいましたけど、そのクルクルパーマの自称《じしょう》法学部生の話も、じつに面白いですな」

「ちょっと、パパ。そのネタ、週刊誌の連載に書いたりしないでよ。ジュリのバイトの話なんだから」

シーン❷ 週刊誌を片手に持つ男……？

宇瑠子は、女子高生の短期バイトも終わり、平日の週3日はひとりで書店を切り盛《も》りしていた。9月に大学生活が忙しくなっていた男の子も、最近は平日に週2回ではあるが、バイトに戻ってきてくれた。

土日の負担《ふたん》を考えると、そろそろ、新《あたら》しい学生バイトを探したほうがよさそうである。新人を探すとなると、いろいろ大変である。「できれば湯村《ゆむら》さんに、またお願いしたいな」と、宇瑠子は2週間の短期バイトをしてくれた女子高生を思い出していた。

村下夏樹の新刊ブームも下火《したび》になり、日中は宇瑠子ひとりで問題なく捌《さば》けるゆとりがある。と、そのとき、入口のドアが開いた。

あれ？　あの子……と、宇瑠子は、目を光らせた。右手に週刊誌を持ちながら書店に入ってきた男は、あのクルクルパーマに黒メガネの大学生風の男である。少し見ないうちに、パーマの面積が全体に拡《ひろ》がっている。持っている週刊誌は、あの感じだと「週《しゅう》マス」のようね、と宇瑠子にはわかった。

また、勘違いしたとかじゃないわよね……。宇瑠子は、短期バイトの女子高生から聞いた話を思い出す。サクゴ？　だっけか。法律の勉強しているとか、してないとか。あの手に持った「週マス」は……？　あの男の子、最近見かけなかったから、うちで買ったものではないわよね。でも、なんか嫌だわ。

クルクルパーマの男は、宇瑠子のいるレジに一直線に向かってきた。

「これ、先日《せんじつ》、こちらで購入したんです」

「え？」

レジ前のカウンターに、「週刊なんでもいいマス」の最新号が置かれた。

「って、わけではないいんですけど。ええ」と、男はいった。

なんだ、サクゴじゃないのか。宇瑠子は、ひとまず安心する。

「では、どんなご用件《ようけん》でしょうか」

「この週刊誌の連載記事ですよ。ええ。この売れない作家のですね。ええ」

「あら、伊鶉田計《いうだけい》さんね。わたしは、結構好きよ。毒舌《どくぜつ》なところを含めて、ズバリいう感じが」

「ええ、そのズバリなんですけど、まさに。これ、このお店で起きた、僕のことを書いているんですよね。どう読んでも、ええ。おかしくないですか？」

差し出された週刊誌に目を通すと、次のような文章があった。

「ある本屋に、自称法学部生がやってきた。なんでも、錯誤《さくご》、錯誤といいながら、あの下品《げひん》な作家の小説の、上、中、下を、書店を通じて上手《じょうず》に読みまわそうとしたという。そこで、バイトをしていた女子高生は、こういった。『重過失《じゅうかしつ》がある場合は、錯誤取消《さくごとりけ》しはできないですよね』と。本屋は、図書館ではない。けしからんって、やつですな」

文章を読みながら、宇瑠子は自分の手が震《ふる》え始めるのがわかった。

「ちょっと、これ……。まさか？」

「まさかとは、何ですか。ええ」

「いや、そのね。うん、で、でも……。こ、こういうことって、どこにでもあるんじゃないかしら……」

書店名《しょてんめい》などの固有名詞《こゆうめいし》も、地域の特定《とくてい》もなければ、人物《じんぶつ》の特定もない。ただ、女子高生のバイトということなど、ここで起きた出来事にかなり酷似《こくじ》している。

宇瑠子は、短期バイトをしていた女子高生が、友達のお父さんが作家だといっていたことを思い出していた。〈わたしの友達のお父様が作家さんで、この前もその子のおうちで紅茶を飲んでいたら、突然現れて、村下夏樹のこと、めちゃライバル視してました〉

「そうか！」

「なにが、そうかです？　ええ」

宇瑠子は、「下品な作家の小説の……」という文章を、もう一度、目で追った。つながってしまった。でも、自分は何もしていない。強《し》いていえば、バイトの子に対する管理責《かんりせき》任《にん》かもしれないが、もう湯村さんは、バイトを辞《や》めてしまっている。

「今回、僕はプライバシー権を侵害《しんがい》されましたし、名誉棄損《めいよきそん》にもあたります。ええ」

「でも、あなたのお名前は書かれてないわ。よくある作家さんの、いわゆるエッセイの範疇《はんちゅう》で、問題はないのではないかしら？」

「作家さんは、そういうでしょう。でも、僕は自分だとわかった。そして、あなたもいま、はっきりと気づきましたよね。これは、わたしであると」

「い、いえ。あくまで、一般論としてのエッセイのお話よ……」

宇瑠子は、無理があると思いつつ、自分には非《ひ》がないことをどう伝えればよいかと、必死に考える。

「僕は、大《おお》いに傷つきました。ええ。でも、今日きたのは、あなたの反応を見たかっただけなんです。この文章を読んで、僕のことであると特定できるかどうかをですね、ええ」

はっ。宇瑠子は、作家や出版社がプライバシー権侵害や名誉棄損で訴《うった》えられた有名な裁判の話などが、頭《あたま》の中に浮《う》かんだ。

「ですので、僕はこれで帰らせていただきます。この書店に、もう用《よう》はないです、ええ。そして、あの作家を訴えます」

シーン❸ 宇瑠子さんからの電話

別の日。ジュリの携帯電話が鳴った。

「あれ？ 宇瑠子さんからだ」

「あ、あの？ 本屋さんの？」

「うん、ちょっと出るね。もしもし、こんにちは。はい。え？ そ、そんなことが……。はい、すみません。余計《よけい》なことを話してしまいました、わたし。はい、本当にごめんなさい。あっ、そんな。いえ……、ありがとうございます。ちょうど、いま友達の家にいるので、すぐに伝えます」

「どうしたの？ ジュリ？」

「いや、それが、この前のクルクルパーマの自称法学部生の話でね。ユッコのお父さんが、週刊誌に似《に》たようなことを書いてたみたいで」

「え！　それ、マジ？」

「うん。でも、それは作家さんのエッセイだから、特定はされない書き方だったと、宇瑠子さんはいってた。ただ……」

「ただ？」

「クルクルパーマの自称法学部生が、ユッコのお父さんのことを裁判で訴えるとか、わざわざいいにきたみたいなの。でも、それって権利なのかもしれないけど、主張するのはズルくない？？」

「うん。……まあ、でも、パパ慣れてるから」

「慣れてる？」

「うん。毎週のように。あの連載、よく訴えられてるんだよね。意外と裁判では負けてないんだけど。専門の弁護士の先生を週刊誌の出版社の人から紹介されてて、三百《さんびゃく》先生という弁護士の人なんだけど。この手の訴訟《そしょう》には、強いみたい」

「そうなんだ。なら、よかった……のかなあ？」

と、そのとき、ドアが開く音がした。

「やあ、ジュリちゃん。そのことだけどね。いま、訴状《そじょう》が届《とど》いたよ」

「えっ？　もう。はやっ」と、ユッコはいつもの慣れたことのようにあきれる。

「円回《えんかい》クロという男である。受けて立とうではないか。しかし、名前から負けているな。クロだけに」

「でも、どうやって勝つのですか？」

と、ジュリは裁判に慣れているという山下筆男《ふでお》（筆名：伊鵜田計《いうだけい》）に質問した。

「プライバシー権の侵害だとか、名誉棄損だとかいっているが、これらはすべて『権利の濫用《らんよう》』である」

権利のランヨウ？？？？　って、なにそれ！

ジャスティン教授の法律アドバイス❽

ユッコのパパが、「権利のランヨウ」っていってたのですが、そんな主張が裁判で通用するんですか？

作家の伊鵜田計《いうだけい》は裁判に慣れているといっていたけど、**権利の濫用**は、なかなかの無理《むり》筋《すじ》かもしれない。

やっぱり。でも、出版社から紹介された弁護士さんを味方《みかた》にして、裁判で訴《うった》えられても、かなり勝っているみたいでした。

まず、**プライバシー権**だけど、憲法などの条文には規定はされていない。**判例**《はんれい》といって、裁判例の集積で、次のように考えられている。

ハンレイですか？

そうだ。湯村さんも法学部に入れば、条文《じょうぶん》だけでなく、判例も読むことになるよ。

ハンレイって、具体的な事例で、解決方法が示されているってことですか？

そのとおり。プライバシー権の侵害として、**損害賠償請求**《そんがいばいしょうせいきゅう》が認められるためには、判例上、次のような考え方がある。①**私生活上《しせいかつじょう》の事実や事実らしく受け取られること**、②**一般の人の感受性《かんじゅせい》を基準に本人の立場に立てば公開を求《もと》めないであろうこと**、③**一般の人に知られていないこと**、この3つが必要だというものだ。そして、これらの観点から見て、プライバシー権が侵害されたとなれば、**不法行為《ふほうこうい》**が成立し、**損害賠償**が求められることになる。

フホウコウイ？　ですか。

不法行為そのものの説明はここではやめておくとして、今日は、どんな場合にプライバシー権侵害が生じるかを考えることにしよう。

うんうん、わかりました。そうすると、えっと、①私生活上の事実で、②本人が公開を求めていないことで、③一般の人に知られていないこと、ですか。

そうだね。最後の3つめは、「**非公知《ひこうち》の事実**」といったりする。

でも、だったら、どれにもあたりそうじゃないですか。自称法学部生の……、えっと、名前なんだっけ？　そうです。円回《えんかい》クロ！　円回クロの、今回の例では。

それはそうだね。ただ、本人の名前は示されていないし、これが円回クロのことだと、特定されるような事実はないようにも思う。

でも、わたしや宇瑠子《うるこ》さんにはわかってしまいました。

そうだね。でも、二人にとって、そもそも知らなかった事実はあったのだろうか？

ああ。たしかに、これは、実際にわたしたち二人が知っているとおりのことでした。彼のプライベートなことで、知らなかったことはどこにも書かれていませんね。

逆に、この事件のことを知らない人がこの本を読んでも、彼のことだとわかる人はいないだろう。

ああ、なるほど。

もちろん、裁判ではいろいろな主張や立証があるかもしれない。しかし概《おおむ》ね、このように流れていくと予測される。

じゃあ、**名誉棄損**《めいよきそん》はどうですか？　これも同じでしょうか。

名誉権についても、プライバシー権と同様に、個人の重要な権利であり、**人権**といえる。憲法の条文に、明確に書いてあるものではないが、そのように解釈されている。ただ、**名誉棄損については、民事裁判としての損害賠償請求だけでなく、刑事事件《けいじじけん》として起訴《きそ》されることもあり得る。**

今回はお金の請求だけみたいなので、民事裁判《みんじさいばん》ですかね。

そうだね。ただ、刑事事件としての名誉棄損については、名誉棄損罪にはならない場合が、刑法に規定されている。

そうなんですね。ところで、先生。

なんだい？

そもそも、名誉棄損って、どんな場合をいうのですか？

たしかに、それは大事だ。**名誉棄損とは、不特定《ふとくてい》多数《たすう》の人が知り得る状態の下《もと》で、人の社会的信用を低下させる行為**を指す。

そうすると、公開されたSNSで、人のよくないことをつぶやいたりするのは、名誉棄損になる可能性がある、ということですね。

不特定多数の人に知られ得《う》るからね。拡散もあり得るし。

今回はSNSではないですけど、週刊誌ですから……。

そうだ。不特定多数に知られ得るものであることは、間違いない。

円回《えんかい》クロが、錯誤を連発して、一冊分の金額を支払っただけで、村下夏樹《むらしたなつじゅ》の新作の上巻、中巻、下巻を読みまわそうとしていた事実も、社会的評価を低下させそうです。

そうだね。とはいえ、彼がやったことを知らない人が、この連載記事を読んで、円回クロの仕業《しわざ》だとわかることは、まずないだろう。

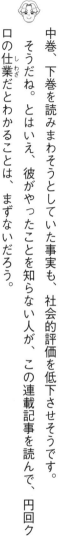

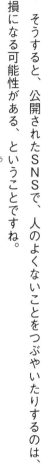

たしかに、それが宇瑠子さんのいうエッセイということなのか。

また、仮に名誉棄損にはあたるような行為であったとしても、罰せられないケースがあるのだけど、それは刑法の規定によれば……。

ああ、それを知りたかったんです。

かいつまんでいうと、こう書いてあるよ。「**公共《こうきょう》の利害《りがい》に関する事実**」で、「**専《もっぱ》ら公益《こうえき》を図る目的**」があると認める場合で、その事実が「**真実《しんじつ》**」であると証明されたときには、罰《ばっ》しないと。

読みまわそうとしていたのは、事実のはずです。でも、その証明かぁ。全国の書店で同じような被害があるかもしれず、それを知らしめて防止する目的と考えれば、「公共の利害」もあり、「公益の目的」もありですかね。公益って、**公共の利益**のことですよね？

そうだ。伊鵜田《いうだ》さんがどういう目的であったのかは定かでないが、そのように裁判で主張することはできるかもしれない。

たしかに、そうですね。

ちなみにだが、刑法には、こう規定されている。刑事裁判として起訴されていない人の犯罪行為に関する事実であれば、「公共の利害に関する事実」とみなすと。

うーん。三百《さんびゃく》さんという弁護士が裁判で負けないのも、納得《なっとく》です。今回は、弁護士さんもついていますし、わたしたちの出る幕《まく》はなさそうですね。

ところで、最初に戻るが、伊鵜田さんは何と主張していた？

あっ、権利のランヨウでした！

権利であっても……。

眠る者は、保護せず！

そうだったね。そして、濫用《らんよう》も許されないんだ。民法に書いてある。

今回は、濫用といえるのですか？

さすがに、濫用とまではいえないだろう。

じゃあ、「**これは、権利の濫用です！**」というセリフは、今回は使えないのか。

民法に規定はあるからね。言葉として会話で使ってみるのは、よいと思うよ。

後日《ごじつ》、ジャスティン教授が指摘した点が争点となり、伊鵜田計《けい》こと山下筆男《ふでお》は、損害賠償金の支払《しはらい》を求められた民事裁判で、円回《えんかい》クロに勝訴《しょうそ》した。ただし、判決文を読んでみると、「プライバシー権や名誉棄損を理由に損害賠償請求を提起することは、権利の濫用とまではいえない」と書かれていた。

法律用語の使い方⑧

「これは、権利の濫用《らんよう》です!?」

■第8話で押さえておきたい法律用語

プライバシー権／名誉棄損／表現の自由／公共の利害／権利の濫用／一般条項

■解説

他人から、自分の**プライバシーを侵害《しんがい》**された場合、あるいは**名誉《めいよ》を棄損《きそん》**された場合、それによって受けた精神的な苦痛について、**損害賠償金の支払《しはらい》を請求**することができます。

民法《みんぽう》には、**故意《こい》**または**過失《かしつ》**により、他人の権利を侵害した者は、これによって生じた損害を被害者に賠償する責任を負《お》うことが定められているからです。これを「**不法行為責任《ふほうこういせきにん》**」といいます（詳細《しょうさい》は、第10話参照）。

ジャスティン教授の指摘にもあったように、**プライバシー権**は、憲法に直接の規定があるわけではありませんが、重要な権利であると解釈されています。

これは、**自分の情報をコントロールする権利**（公開するか非公開にするか、公開する場合にどこまで公開するかなどを決める自由）は、情報化社会では**個人の自由**に直結《ちょっけつ》するからです。

また、**名誉権《めいよけん》**についても、同様です。憲法に直接の規定はありませんが、重要な権利であると解釈されています。**社会的信用**を低下させるような行為がなされると、自力で回復することは、とても難しいでしょう。こうしたダメージを受けることがないよう、名誉は守られるべきものといえるからです。

もっとも、新聞報道や、雑誌、書籍などで、社会的に意義のあることが自由に報道され、発表されなければ、わたしたちは社会の出来事を「**知る機会**」を喪失《そうしつ》してしまいます。憲法で保障される人権として、最も重要なのは「**表現の自由**」であるといわれるのは、そのためです。表現の自由があって、わたしたち国民は、さまざまな情報を得ることができます。この点で、表現の自由や、これに含まれるマスコミによる「**報道の自由**」などは、国民の「**知る権利**」に役立つものといえます。

しかし、近年は特に、SNSの普及《ふきゅう》により、誰もが、あらゆる人に対して、**誹謗中傷《ひぼうちゅうしょう》を安易《あんい》にできてしまう時代**です。表現の自由が知る権利にとって重要であるといっても、個人のプライバシーや名誉は守られなければなりません。

そこで、**①私生活上《しせいかつじょう》の事実や事実らしく受け取られるものかどうか、②一般の人の感受性《かんじゅせい》を基準に本人の立場に立って公開を欲《ほっ》しないといえるかどうか、③一般の人に知られていないことかどうか**、という3つの観点から見て、プライバシー権侵害といえるかどうかを判断する裁判所の解釈があります。

名誉棄損については、検察官《けんさつかん》から起訴《きそ》されて有罪《ゆうざい》判決《はんけつ》が下《くだ》されるということは、なかなかありませんが、刑法には犯罪として「**名誉棄損罪《めいよきそんざい》**」も定められています。他方で、表現の自由との調整を図る観点から、名誉棄損と思われる行為が「公共《こうきょう》の利害《りがい》に関する事実に係」るものであり（**①公共の利害に関する事実**）、かつ、「その目的が専《もっぱ》ら公益《こうえき》を図ることにあったと認める場合」で（**②公益目的**）、その事実が「真実《しんじつ》であることの証明があったとき」は（**③真実性《しんじつせい》の証明**）、「これを罰《ばっ》しない」とされています。

また、この規定の適用は、**検察官から起訴（公《こう》訴《そ》）されるに至《いた》っていない人の「犯罪行為に関する事実」である場合、先ほどの①の「公共の利害に関する事実」とみなされる**ことも、刑法に定められています。

名誉棄損罪のほかに、刑法は「**侮辱罪《ぶじょくざい》**」も定めています。今回の週刊誌の記載のような事実を示すことなく、人を侮辱する行為が、社会問題になっています。字数の短い投稿が、SNSで行いやすいためです。これまで罰則《ばっそく》が軽すぎたので、今日《こんにち》の社会情勢を踏《ふ》まえ、令和4年（2022年）に刑法が改正され、**法定刑《ほうていけい》（法の定める刑罰）**が重くなりました（**厳罰化《げんばつか》**）。「拘留又《こうりゅうまた》は科料《かりょう》」しかなかったものが、「1年以下の懲役若《ちょうえきも》しくは禁錮《きんこ》若しくは30万円以下の罰金又は拘留若しくは科料」になりました。

名誉棄損罪も、侮辱罪も、被害者が警察に告訴《こくそ》をしていることが、刑事訴追《けいじそつい》の条件になります。こうした被害者本人の意思によって犯罪の成否が影響される罪を「**親告罪《しんこくざい》**」といいます。

さて、最後に、判決ではあっさりと否定された、民事裁判の被告《ひこく》である作家の伊鵜田計《いうだけい》（本名：山下筆男《ふでお》）が主張していた「**権利の濫用《らんよう》**」ですが、これは民法に定められています。

権利といっても、濫《みだ》りに使用してよいわけではない、ということです。これを「**権利濫用の法理《ほうり》**」といいます。

これは、権利だからといって、「なんでもかんでも、また、どんなときでも、主張が絶対に許されるというわけではない」という、戒《いまし》めのようなものです。法律用語としては、こうした具体性のない根本的な考え方（基本原則《きほんげんそく》）のことを、「**一般条項《いっぱんじょうこう》**」といいます。しかし、一般条項は、その内容が抽象的で、どのような場合に適用されるかが不明瞭《ふめいりょう》です。そこで、安易《あんい》に適用されるべきではないと解釈されています。

「権利の濫用」も、濫用してはいけない、ということです。

この解説に関連する法律の条文を、最後に挙げておきます。これまでの解説の根拠になる規定です。法律の条文を実際に読んでみたい方は、ぜひ確認してみてください。

◉民法

（基本原則）

第一条　私権《しけん》は、公共《こうきょう》の福祉《ふくし》に適合《てきごう》しなければならない。

2　権利の行使及《およ》び義務の履行《りこう》は、信義《しんぎ》に従《したが》い誠実《せいじつ》に行わなければならない。

3　権利の濫用《らんよう》は、これを許さない。

（不法行為《ふほうこうい》による損害賠償）

第七百九条　故意《こい》又《また》は過失《かしつ》によって他人の権利又《また》は法律上保護される利益を侵害《しんがい》した者は、これによって生じた損害を賠償する責任を負《お》う。

（財産以外の損害の賠償）

第七百十条　他人の身体《しんたい》、自由若《も》しくは名誉《めいよ》を侵害した場合又は他人の財産権を侵害した場合のいずれであるかを問わず、前条《ぜんじょう》の規定により損害賠償の責任を負う者は、財産以外の損害に対しても、その賠償をしなければならない。

◉刑法

（名誉毀損《めいよきそん》）

第二百三十条　公然《こうぜん》と事実を摘示《てきし》し、人の名誉を毀損した者は、その事実の有無にかかわらず、三年以下の懲役《ちょうえき》若《も》しくは禁錮《きんこ》又《また》は五十万円以下の罰金《ばっきん》に処《しょ》する。

2　死者《ししゃ》の名誉を毀損した者は、虚偽《きょぎ》の事実を摘示することによってした場合でなければ、罰しない。

（公共の利害に関する場合の特例）

第二百三十条の二　前条第一項の行為が公共の利害に関する事実に係り、かつ、その目的が専《もっぱ》ら公益《こうえき》を図《はか》ることにあったと認める場合には、事実の真否《しんぴ》を判断し、真実《しんじつ》であることの証明があったときは、これを罰しない。

2　前項《ぜんこう》の規定の適用については、公訴《こうそ》が提起《ていき》されるに至《いた》っていない人の犯罪行為に関する事実は、公共の利害に関する事実とみなす。

3　前条第一項の行為が公務員又は公選《こうせん》による公務員の候補者に関する事実に係る場合には、事実の真否を判断し、真実であることの証明があったときは、これを罰しない。

（侮辱《ぶじょく》）

第二百三十一条　事実を摘示しなくても、公然《こうぜん》と人を侮辱した者は、一年以下の懲役若しくは禁錮若しくは三十万円以下の罰金又は拘留《こうりゅう》若しくは科料《かりょう》に処する。

（親告罪《しんこくざい》）

第二百三十二条　この章の罪《つみ》は、告訴《こくそ》がなければ公《こう》訴《そ》を提起《ていき》することができない。

（略）

第9話

それって、ハンザイじゃない？？？

「あなたの行為は、器《き》物《ぶつ》損《そん》壊《かい》罪《ざい》にあたります！」

シーン❶ 書店のバイト、復活！

ジュリは、宇瑠子《うるこ》さんから「人手不足《ひとでぶそく》なので、またお願いできないかしら」と頼《たの》まれ、書店のバイトを再開することにした。受験勉強もあるが、「湯村《ゆむら》さんの可能な範囲で、週に1回3時間くらいでもいいから」とのことだった。「それくらいなら」ということで、両親も許可《きょか》してくれた。

それにしても、この書店では、いつも何かが起こる。ことを起こすのは、あの男なのであるが……。

シーン❷ 窓ガラスがペンキだらけに……？

ジュリは、日曜日の午前9時～12時までをバイトの時間に選んだ。本に囲《かこ》まれて過ごす時間は知的《ちてき》な気分になれる。法律の本も、たくさんではないものの置かれている。法学部に進学して法律を勉強したい、というジュリの〝やる気（願望）〟にも火をつけてくれる。

これまで日曜の午前は、ゆっくり寝ていただけだった。受験に向けて早起きの習慣を身につけるためにも「もってこいだ」と、ジュリは考えた。

「でも、ユッコと話をするときは、気をつけよう」と、ジュリは思った。裁判では勝つのかもしれない。

あっ、でも、わたしたちの会話を廊下《ろうか》で聞いているかもしれないユッコのパパが、あの週刊誌の連載によからぬことを書いてしまうかもしれない。それは、それで面白そうではあるけど。

独《ひと》りごとを呟《つぶや》きながら、朝の個人書店の前にたどり着《つ》いたジュリは、書店の窓《まど》ガラスの一部に、真《ま》っ黄色《きいろ》なペンキが塗《ぬ》られているのを見つけた。

「えっ。なんで、ここ黄色いの？　ペンキでいたずらされてる？」

日曜の早朝は、駅前でも人がほとんどいない。開店《かいてん》前の8時30分過ぎであるが、宇瑠子さんは8時にはシャッターを開けていたのだろう。

外のガラス越《ご》しから店内を見ると、宇瑠子さんは本の入《い》れ替《か》えをしている。

「宇瑠子さんがシャッターを開けたあとに、やられたのかも」

ジュリがそう思った瞬間《しゅんかん》、不審《ふしん》な男が走ろうとして転《ころ》ぶのが見えた。アスファルトには、黄色のペンキがこぼれている。舗装《ほそう》された歩道《ほどう》の1本道に、書店からポタポタと滴《したた》り落ちる黄色のペンキの跡《あと》が残っていた。そして、その先に、転倒《てんとう》した男がいる。

BOOK

シーン❸ えっ、正当防衛《せいとうぼうえい》？

「犯人《はんにん》だ！」

ジュリは全速力で、15メートルほど走ると、黄色まみれになり、転んで足を痛めたのか、立ち上がることができずに歩道に横になっている男の場所に、たどり着くことができた。

そこには、黄色のペンキが入ったバケツが置かれていた。

「あなた、うちのお店の窓ガラスにペンキを塗《ぬ》りましたね。警察《けいさつ》に通報《つうほう》しますよ」

よく見ると、男は学生風《ふう》だった。さらによく見ると、前に見たことのある自称法学部生であることがわかった。

「あ、あなた！　またなの！！！」

ジュリはすぐに宇瑠子さんに、自分のスマホで電話をかけた。「お店の窓ガラスの外側に、黄色のペンキが塗られていました。いま、犯人も捕《つか》まえました。外に出て、左にまっすぐいったところです。きてください！」

「いやあ、犯罪とかじゃないんですよ。そうじゃないんです。そうじゃない」

「って、あなた。そ、そうか……。わかった！　この前の裁判で負けたことの腹《はら》いせにしたんでしょ！　書店の窓にペンキを塗るなんて、逆恨《さかうら》みというやつね」

「これは、正当防衛《せいとうぼうえい》なんです。ええ、正当防衛です」

そこに、宇瑠子さんがやってきた。

「もう、ほんとに。あなた、なんてことしてくれたの。やむを得ないわ。警察に通報しますね」

「いや、正当防衛なんです」

「なにが、正当防衛よ！　お店の窓ガラスを真っ黄色にするなんて、いくらなんでもヒドすぎるわ」

シーン❹　お店の窓にペンキを塗るのは何罪？

温厚《おんこう》な宇瑠子さんが、力のこもった声を上げた。お店を守る覚悟《かくご》が、ジュリにも伝わった。

「いや、違うんです。犯罪じゃない」

「ハンザイでしょ」と、ジュリはいった。「でも、何罪《なにざい》なんだろう？　ペンキ塗り罪？」

ジュリはどんなハンザイが成立するのかがわからず、心の中で自問《じもん》した。そして、今度はスマホでジャスティン教授に電話をかけた。その間も、男は何かいっている。

「その女子高生が、僕に突然後《とつぜんうし》ろから襲《おそ》いかかってきたんですよ。それって、『急迫不正《きゅうはくふせい》の侵害《しんがい》』ありでしょ。ええ。それを避《さ》けるために、防衛するでしょう」

いったい、なにいっているの？　この自称法学部生のクルクルパーマ、爆発男《ばくはつおとこ》！

「あっ、はい。先生、えっと、黄色いペンキをお店の窓に塗った人は、何罪ですか？

ああ、そうなんですね。ありがとうございます！」

ジュリは、自称法学部生の名前を思い出す。えっと、円回《えんかい》……？　そうだ！　円回クロ！

「円回《えんかい》さん。あなたの行為は、『器物損壊罪《きぶつそんかいざい》』にあたります！」

「違うんです。正当防衛です」と、円回クロは汗《あせ》をかきながら答えた。

「なにいってるの！　わたし、あなたに危害なんて、なにも加えてないし、自分で転んだだけでしょ」と、ジュリがいったとき、ちょうど警察官が二人走ってきて、そこにかけつけた。

最寄《もよ》りの警察署《けいさつしょ》は、書店の奥の1本道を5分ほど歩いたところにある。近いので、かけつけるのも早かった。通り道にあるお店に塗られた黄色のペンキも確認してきたようだ。

「あの窓に塗られた黄色のペンキを所持《しょじ》しているな。よし」というと、警察官はいった。

「器物損壊罪の現行犯《げんこうはん》で、逮捕《たいほ》する」

ジャスティン教授の法律アドバイス❾

最近、なんだかトラブルに巻き込まれてばかりです！　今回は、ついに警察沙汰《けいさつざた》にまでなってしまいました。

誰でも入ることができるオープンスペースで自営業をしている人にとって、地域《ちいき》の警察との連携《れんけい》は必要になるだろう。今回は近くに警察署があったようで、すぐに対応してもらえてよかったね。

はい。先生も、いつも急な電話にも出てくださり、助かります！　今回も、ありがとうございました！

ちょうど研究室でコーヒーを飲んでいる時間だった。授業中だったら、すぐには出られなかったと思う。まあ、犯罪名《はんざいめい》を教えただけだったが。

いえいえ、とてもありがたかったです！　わたし、ちゃんと「**あなたの行為は『器物損《きぶつそん》壊罪《かいざい》』にあたります！**」といえました。

それは、よかった。その勢《いきお》いで、**現行犯逮捕**《げんこうはんたいほ》までしてしまうこともできたけど、相手は若い男のようだ。無理をする必要もなかっただろう。書店の経営者もすぐに警察に通報してくれたようだし、適切《てきせつ》な対応だったと思う。

えっ、わたしがタイホしてもよかったんですか？　警察官でもないのに？

現行犯の場合はね、警察官はもちろんだけど、一般の人でも逮捕をすることはできるよ。「**私人《しじん》による現行犯逮捕**」というものだ。

逮捕というと、裁判官の令状《れいじょう》？　でしったけ？　それが必要なイメージがありますが……。

通常《つうじょう》の逮捕は、もちろんそうだ。事前《じぜん》に裁判官に**逮捕状請求**をして、司法《しほう》の判断を求める必要がある。もっとも、裁判のような時間のかかる手続ではない。「**令状審査**《れいじょうしんさ》」を担当している裁判官がひとりで、急ぎの対応をすることになる。

裁判官も大変ですね！

夜間の対応が必要になることもあるから、当番制《とうばんせい》で、裁判官は令状審査をする。割当ての日は、官舎《かんしゃ》で待機《たいき》していたりする。いつでも、警察官からの連絡に対応できるようにね。

令状請求があると、すぐに裁判官は対応が必要になるわけですね。

そうだね。警察官の書いた逮捕状の請求書を短時間で読み、「**刑事訴訟法**《けいじそしょうほう》」という法律の定める事項を満たしているか、そのチェックをする。

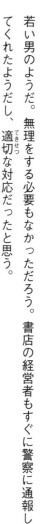

それでOKなら、すぐに令状がもらえるわけですか？

そういうことになる。犯罪行為に対応するためには、急ぎの対応が必要になるということだ。今回の騒動《そうどう》の体験からも、わかっただろう。

ほんとに、そのとおりですね。でも、さすがにこの短時間で、裁判官が令状を出してくれたとは信じられないのですが……。

今回は、裁判官の令状に基づく「**通常逮捕**」ではなかったからね。逮捕にも種類がある。犯罪が行われて間《ま》もない時間帯《じかんたい》であれば、その犯人を目の前に目撃した人は、誰でも「**現行犯逮捕**」をすることができる。

たしかに、警察官を待っていたら、犯人が逃げてしまうケースも多いですよね。今回は、ペンキをこぼして、転んだおかげで、円回《えんかい》が逃げるのを阻止《そし》できました。

前の件《けん》もあるし、その男は自分の名前や住所を知られているとわかっているから、下手《へた》に逃げるのをやめたのかもしれない。

ユッコのパパが訴《うった》えられた件で、たしかに名前は知っていましたが……、でも、わたし、住所まではわからないですよ。

作家の伊鵜田計《いうだけい》さんは、円回《えんかい》から**民事訴訟**《みんじそしょう》を提起《ていき》されたよね。

はい。そして、裁判では**被告**《ひこく》のユッコパパが勝ちました！

民事訴訟を起こされた被告には、**原告《げんこく》**が作成した**訴状《そじょう》**が届《とど》く。そこには、当事者である原告と被告の住所が記載されている。そして、判決書にもね。

ああ、そういうことですか！　それで、わたしの親友のパパのことだから、つながっていて、逃げられないと思ったのかあ。

おそらく。それで、**正当防衛《せいとうぼうえい》**とか、また法学の理屈《りくつ》をこねていたのではないかな。

正当防衛？　なんて成立しないですよね？

正当防衛は、**「急迫《きゅうはく》不《ふ》正《せい》の侵害《しんがい》」**があることが必要になる。

あ、それ、いってた気がします。キュウハクフセイのシンガイ！

切迫《せっぱく》した攻撃《こうげき》などがある、ということだ。いきなり、殴《なぐ》られそうになったとか、カッターナイフを持った男が襲《おそ》いかかってきたとか……。

それ、こわすぎます！　そういうキュウハクフセイのシンガイがあったときは、**自分の身を守るために防衛行為が認められている**、ということですか？

そういうことになる。そして、正当防衛が成立する場合、犯罪行為にあたるようなことをしていたとしても、たとえば、相手を殴ったり、けがをさせたりすることがあっても、犯罪は成立しないことになる。これが、**刑法の定める正当防衛**だ。

逃げている円回が転んで歩道に倒れていたので、わたしは後ろから取り押さえることも考えていました。でも、足を痛めたようで、その場に倒れたままだったんです。それで、わたしは何もせず、彼と話をしていただけでした。そもそも円回のハンザイは、その前にされたことですし……。

そうだね。湯村さんに対する正当防衛だとする主張は、書店の窓に黄色のペンキを塗った理由にはならないね。時系列《じけいれつ》から見て成り立たない。ただ、その自称法学部生のことだ。警察官には、ほかの弁解をしているかもしれない。

あっ、そうか。円回は、いつもおかしな理屈《りくつ》をいってますからね。たしかに、ユッコパパが何かしたからだとか、よくわからないキュウハクフセイのシンガイを主張するかもしれません。

そういった、荒唐無稽《こうとうむけい》な弁解《べんかい》しかできないだろう。いずれにせよ、宇瑠子さんの書店の窓ガラスに黄色いペンキを塗った行為は、器物損壊罪《きぶつそんかいざい》で犯罪行為だ。これに先立《さきだ》つ「急迫不正の侵害」がない限り、正当防衛は成立しないだろう。

そういえば、先生、そもそも、キブツソンカイザイって、物《もの》を壊《こわ》すハンザイだと思っていたのですが、ペンキを窓に塗《ぬ》るのもキブツソンカイなんですね？

器物損壊罪は、湯村さんがいうような物を壊す行為が典型的なものだ。しかし、それに限らず、その**物の本来《ほんらい》の効用《こうよう》を害するような行為も、広く器物損壊罪にあたる**と解されて

いる。効用というのは、使い道や用途のことだよ。だから、塀《へい》や壁《かべ》に落書きをするとか、そういう行為なども、効用を喪失《そうしつ》させるといえる。

おー、よくわかりました！　少しですが、賢《かしこ》くなった気がします！　器物損壊罪、覚えました！

後日《ごじつ》、円回《えんかい》クロは、警察の取り調べの際、次のように供述《きょうじゅつ》した。

「書店の窓ガラスを割ろうとしている不審者《ふしんしゃ》がいた。たまたま自分は、黄色いペンキの入ったバケツを持っていた。そのペンキを不審者にかけたら黄色まみれになり目立つだろう、それなら逃げられないだろうと思い、窓ガラスに加えられようとしている侵害から書店を守るために、やむを得ずペンキをかけた。しかし、その不審者は上手《じょうず》に身をかわし、ペンキをよけて逃げてしまった。その結果、書店の窓ガラスに黄色いペンキがついてしまった。

以上の次第《しだい》で、自分には『正当防衛』が成立する」

これが、円回クロの主張である。

防犯カメラを警察が確認したところ、そのような不審な人物は映《うつ》っていなかった。実際には、宇瑠子が店のシャッターを開けたあと、店内で開店準備をしているのを狙いすまし、窓ガラスに近寄りキョロキョロまわりを見ながら、手に持ったバケツから黄色ペンキを窓に丁寧《ていねい》に塗りたくっている円回の姿が、克明《こくめい》に録画《ろくが》されていた。

「あなたの行為は、器物損壊罪《きぶつそんかいざい》にあたります！」

■第9話で押さえておきたい法律用語

器物損壊罪／正当防衛／急迫不正の侵害／現行犯逮捕／通常逮捕／緊急逮捕／令状主義

■解説

器物損壊罪は、他人の物《もの》を壊《こわ》したり、その効用《こうよう》を棄損《きそん》したりする行為（物の本来《ほんらい》の効用《こうよう》を喪失《そうしつ》させる行為）を犯罪とするものです。なお、自分の物であっても、差押《さしおさ》えなどがされている場合に成立することがありますが、ここでは省略します。

第9話の例のような、書店の窓ガラスにペンキを塗《ぬ》る行為は、書店の窓ガラスの効用を喪失させるものなので、器物損壊罪にあたります（器物損壊罪も、名誉棄損罪《めいよきそんざい》と同様に**親告罪《しんこくざい》**であり、**被害者の告訴《こくそ》がなければ刑事裁判《けいじさいばん》での訴追《そつい》はできません**が、今回は裁判前の逮捕《たいほ》の段階であり、被害者からの通報《つうほう》により発覚《はっかく》したものでした）。

このような行為を行った場合でも、「**正当防衛《せいとうぼうえい》**」が成立すれば犯罪は成立しません。正当防衛は、「**急迫不正の侵害《きゅうはくふせいのしんがい》**」があり、差《さ》し迫《せま》った「**侵害行為**」があることが前提になります。防犯カメラの映像によれば、円回《えんかい》クロが黄色いペンキを書店の窓ガラスに塗る前に、こうした差し迫った侵害は何もありませんでした。よって、正当防衛は成立しません。

なお、急迫不正の侵害がある場合でも、相手からの攻撃に対して、過剰《かじょう》な反撃（防衛行為）を行った場合には、犯罪は成立します。ただし、「**過剰防衛《かじょうぼうえい》**」といって刑罰《けいばつ》を軽くされたり、免除《めんじょ》されたりする理由になります。

いずれにしても正当防衛は、「急迫不正の侵害」があることを前提に、これを避けるためにやむを得ずして行われた「**防衛行為**」であることが必要です。

自分に対する攻撃でなくても、正当防衛は成立します。他人への「急迫不正の侵害」に対して行う、防衛行為もあり得るからです。

　しかし、円回クロの弁解（書店の窓ガラスを割ろうとする不審者《ふしんしゃ》の侵害から、書店を守るために、その不審者にペンキをかけようとした。そうしたら、よけられて書店の窓ガラスにペンキがついてしまったという主張）は、防犯カメラに録画された映像という、客観的な証拠により、現実にあった事実ではないことが確認されていました。こうして、防衛行為と認定することはできませんでした。

　逮捕《たいほ》は、犯人の身柄《みがら》を確保するために重要な行為です。しかし、人の身体《しんたい》を強制的《きょうせいてき》に拘束《こうそく》する行為を伴《ともな》います。犯罪と疑《うたが》われる行為をしたことが、前提となっていなければなりません。犯人ではない人を誤《あやま》って逮捕することを「**誤認逮捕《ごにんたいほ》**」といいますが、こうした事態《じたい》は、できる限り防《ふせ》がなければなりません。

　こうして、わたしたち一人ひとりは、人として、裁判官の発《はっ》する「**令状《れいじょう》**」によらない限り、原則として、身体を拘束されない（逮捕されない）ことが、憲法で保障《ほしょう》されています。事前に、国の司法を担う裁判官に法令《ほうれい》に適合《てきごう》するかなどのチェックをしてもらい、「**逮捕状《たいほじょう》**」という「**令状**」を得なければ、警察官であっても、原則としては、人を逮捕することはできないのです。

　このような考え方を、「**令状主義《れいじょうしゅぎ》**」といいます。令状主義は、日本国憲法が保障する「**人身《じんしん》の自由**」（身体を不当《ふとう》に拘束されない自由）を実現するための、重要な制度になります。また、令状（逮捕状）を示して行う逮捕のことを、「**通常逮捕《つうじょうたいほ》**」といいます。

　もっとも、常に裁判官の事前審査がないと逮捕できないとすれば、目の前で犯罪が行われ、あるいは「犯人だ！　誰か捕《つか》まえて！」といわれて逃走《とうそう》している人を目撃《もくげき》しても、犯人を捕まえることができなくなってしまいます。これでは、やりたい放題になり、犯人を捕まえることも、犯罪を防止することもできない、無秩序《むちつじょ》な社会になってしまいます。**刑法は社会秩序《しゃかいちつじょ》の維持《いじ》を目的とする法律**です。**刑事訴訟法は、こうした刑法を具体的に実現するための法律**（犯罪と刑罰を定めた刑法を、具体的に実現するための手続を定めた法律）です。

そこで、刑事訴訟法は、令状主義を原則としながらも、例外的に令状なくして逮捕できる場合も定めています。その1つが、「**現行犯逮捕《げんこうはんたいほ》**」になります。現行犯であれば、誤認逮捕のおそれも少ないといえます。現行犯逮捕は、その場に警察官がいない可能性も高いため、**私人《しじん》（警察官ではない一般の人）でも行うことができます**。

さまざまな場合に対応できるよう、令状なくして誰でも逮捕ができる「**現行犯人《げんこうはんにん》**」を、刑事訴訟法では、①**現《げん》に罪《つみ》を行っている人だけでなく**、②**現に罪を行い終わった者も含《ふく》む**と定義をしています。

それだけではありません。次のどれかにあたる者が、罪を行い終わってから間《ま》がないと明らかに認められるときにも、「**準現行犯**」として、現行犯人とみなすことができると定めています。具体的には、（1）犯人として追呼《ついこ》（叫びながら追うこと）されているとき、（2）贓物《ぞうぶつ》（盗品《とうひん》などの犯罪によって得た物）や明らかに犯罪に使われたと思われる兇《きょう》器《き》その他の物を所持《しょじ》しているとき、（3）身体または着ている服に犯罪の顕著《けんちょ》な証跡《しょうせき》があるとき、（4）誰何《すいか》されて（誰かと聞かれて）逃走しようとするとき、と規定されています。

ジュリが目撃《もくげき》した事実によると、円回《えんかい》クロが黄色のペンキを塗《ぬ》っていた行為は見られていません。しかし、黄色のペンキの入ったバケツを手に持ち、犯行現場の近くから逃げ去ろうとしている姿が、ジュリに目撃されています。これらの点から、少なくとも、現行犯人とみなすことのできる、先ほどの「準現行犯」とみなされる条件（2）にあたることは明らかでしょう。

現行犯逮捕も、このように、刑事訴訟法の定める条件を満たすことが必要になるため、法はさらなる逮捕の方法を用意しています。それは「**緊急逮捕**《きんきゅうたいほ》」と呼ばれるものです。緊急逮捕は、一定《いってい》の重大《じゅうだい》犯罪に限られますが、裁判官に令状を請求してからでは手遅《ておく》れになるような条件を満たす場合に、令状（逮捕状）を示さずに警察官等《けいさつかんとう》が行うことのできる逮捕です。ただし、現行犯逮捕と異なり、あとから令状請求をすることが必要になります。

この解説に関連する法律の条文を、最後に挙げておきます。これまでの解説の根拠になる規定です。法律の条文を実際に読んでみたい方は、ぜひ確認してみてください。

◉日本国憲法

第三十三条　何人も、現行犯《げんこうはん》として逮捕《たいほ》される場合を除いては、権限《けんげん》を有する司法官憲《しほうかんけん》が発し、且《か》つ理由となつてゐ《い》る犯罪を明示《めいじ》する令状《れいじょう》によらなければ、逮捕《たいほ》されない。

◉刑法

（正当防衛《せいとうぼうえい》）

第三十六条　急迫不正《きゅうはくふせい》の侵害《しんがい》に対して、自己又《じこまた》は他人の権利を防衛するため、やむを得ずにした行為は、罰《ばっ》しない。

2　防衛の程度《ていど》を超えた行為は、情状《じょうじょう》により、その刑を減軽《げんけい》し、又《また》は免除《めんじょ》することができる。

（器物損壊等《きぶつそんかいとう》）

第二百六十一条　前《ぜん》三条に規定するもののほか、他人の物を損壊《そんかい》し、又は傷害《しょうがい》した者は、三年以下の懲役《ちょうえき》又は三十万円以下の罰金若《ばっきんも》しくは科料《かりょう》に処《しょ》する。

（自己の物の損壊等《そんかいとう》）

第二百六十二条　自己の物であっても、差押《さしおさ》えを受け、物権《ぶっけん》を負担《ふたん》し、賃貸《ちんたい》し、又は配偶者居住権《はいぐうしゃきょじゅうけん》が設《せっ》定《てい》されたものを損壊《そんかい》し、又は傷害したときは、前三条の例《れい》による。

（親告罪《しんこくざい》）

第二百六十四条　第二百五十九条、第二百六十一条及び前条の罪は、告訴《こくそ》がなければ公訴《こうそ》を提起《ていき》することができない。

◉刑事訴訟法

第二百条　逮捕状《たいほじょう》には、被疑者《ひぎしゃ》の氏名及《およ》び住居《じゅうきょ》、罪名《ざいめい》、被疑《ひぎ》事実の要旨《ようし》、引致《いんち》すべき官公署《かんこうしょ》その他の場所、有効期間及びその期間経過《けいか》後は逮捕をすることができず令状はこれを返還しなければならない旨《むね》並《なら》びに発付《はっぷ》の年月日《ねんがっぴ》その他裁判所の規則《きそく》で定める事《じ》項《こう》を記載し、裁判官が、これに記名押印《きめいおういん》しなければならない。

（略）

第二百一条 逮捕状により被疑者《ひぎしゃ》を逮捕するには、逮捕状を被疑者に示《しめ》さなければならない。

（略）

第二百十条 検察官《けんさつかん》、検察事務官又は司法警察職員は、死刑又は無期《むき》若しくは長期《ちょうき》三年以上の懲役若しくは禁錮《きんこ》にあたる罪《つみ》を犯《おか》したことを疑《うたが》うに足《た》りる充分《じゅうぶん》な理由がある場合で、急速を要《よう》し、裁判官の逮捕状を求めることができないときは、その理由を告《つ》げて被疑者を逮捕することができる。この場合には、直《ただ》ちに裁判官の逮捕状を求める手続をしなければならない。逮捕状が発せられないときは、直ちに被疑者を釈放《しゃくほう》しなければならない。

（略）

第二百十二条 現《げん》に罪《つみ》を行い、又《また》は現に罪を行い終《おわ》つた者を現行犯人《げんこうはんにん》とする。

② 左《さ》の各号《かくごう》の一《いち》にあたる者が、罪《つみ》を行い終つてから間《ま》がないと明らかに認められるときは、これを現行犯人とみなす。

一 犯人として追呼《ついこ》されているとき。

二 贓物《ぞうぶつ》又は明らかに犯罪の用《よう》に供《きょう》したと思われる兇器《きょうき》その他の物を所持《しょじ》しているとき。

三 身体《しんたい》又は被服《ひふく》に犯罪の顕著《けんちょ》な証跡《しょうせき》があるとき。

四 誰何《すいか》されて逃走《とうそう》しようとするとき。

第二百十三条 現行犯人は、何人でも、逮捕状なくしてこれを逮捕することができる。

第二百十四条 検察官《けんさつかん》、検察事務官《けんさつじむかん》及び司法警察職《しほうけいさつしょく》員《いん》以外の者は、現行犯人を逮捕したときは、直《ただ》ちにこれを地方検察庁《ちほうけんさつちょう》若しくは区検察庁《くけんさつちょう》の検察官又は司法警察職員に引き渡さなければならない。

第10話

籠《かご》に入っていたものって、自転車の所有者のものになってしまうの？

「不当利得《ふとうりとく》なので、あなたには、
スマホを彼女に返す義務があります！」

シーン❶ 公園でデート、ケンくんと……のはずが？

「ねえ、ユッコ。これだよ。これ、見てみて」

そういうと、彼はスクールバッグの中から、大きな飛行機を取り出した。

「わあ、すごいね。これが、この前いってたプラモデル？」

「そう、それだよ。なかなか手に入れられない希少品《きしょうひん》なんだけど、父《とう》さんが知人を通《つう》じて、売っているお店を見つけてくれたんだ」

彼がカバンから取り出して見せてくれた、そのプラモデルは、希少性《きしょうせい》の高い型《かた》の飛行機だという。わたしには、よくわからない。でも、大好きなケンくんが嬉《うれ》しそうに見せてくれたので、その顔を見ていることが幸せだった。

パイロットになることが、彼の小さいころからの夢。わたしは、それを応援している。そして、最近は自分がＣＡ《シーエー》（キャビン・アテンダント）になれたらいいかも、とも思っている。まだ、高校３年生だけど、英語の勉強に力を入れているのは、大学受験のためだけではないのだ。

公園には、強めの北風《きたかぜ》が吹《ふ》いている。わたしは、寒《さむ》さをみこして、いつもより大きめのマフラーを首《くび》に巻《ま》いて登校《とうこう》した。首に下《さ》げたスマホと合《あ》いそうな色のマフラーで、さりげなくおしゃれもしてみた。この放課後《ほうかご》の、学校近くの公園でのデートを、わたしは前から楽しみにしていたのだ。

って、わっっっっ！！！

え？　なに？　なに？　なに？　あ、いたたた。

「わっ。僕の飛行機があああ」

ケンくんの声が聞こえる。何が起きたのかわからないけど、二人とも身体《からだ》を強く打たれたみたい。公園なのに？　この公園って、自転車の通行は禁止だったのでは？

でも、いたたっ。マフラーがひっぱられている……？

あ〜。うっ、背中《せなか》を打《う》ったかも。

「いててて……」

って、ケンくんもとなりに倒《たお》れている。ちょっと……、なにが起《お》きたの？

シーン❷　ジュリが目撃《もくげき》したものは？

そうだ。今日は、ユッコ、ケンくんとの公園デートの日だった。ちょっと、寄《よ》ってみようかな……。

ジュリは学校の授業が終わると、近くの公園に立ち寄ってみることにした。北風がちょっと強いけど、二人の姿を見たら熱い気持ちになれるかも！

ちょっと、スマホで遠くから撮影しちゃおうかなー。あとで、ユッコに見せてあげよう。

おー、いたいた。あっ、ケンくん、カバンの中から飛行機を取り出している。笑える。

ユッコは、彼氏との公園デートのつもりのはずなのに、ケンくんにとっては、まるで小学生の男の子が、大好きなパパと遊びにきた日曜の公園みたい。


キーコ、キーコ。キーコ、キーコ。


ん？　なにあれ？　自分で「キーコ、キーコ」といいながら、自転車をこいでいるおじさんがいる。耳にイヤホンしているし、かなりフラフラしているんだけど。

うーん。ユッコとケンくんのいるところに近づいているけど、大丈夫かなあ。

って、あ？　なに、急にスピードを上《あ》げて！

わっ？　ぶつかりそう。「ユッコ、ケンくん、危ない！」って、ここから叫《さけ》んでも聞こえないか。あーーーー。

第 **10** 話　籠に入っていたものって、自転車の所有者のものになってしまうの？

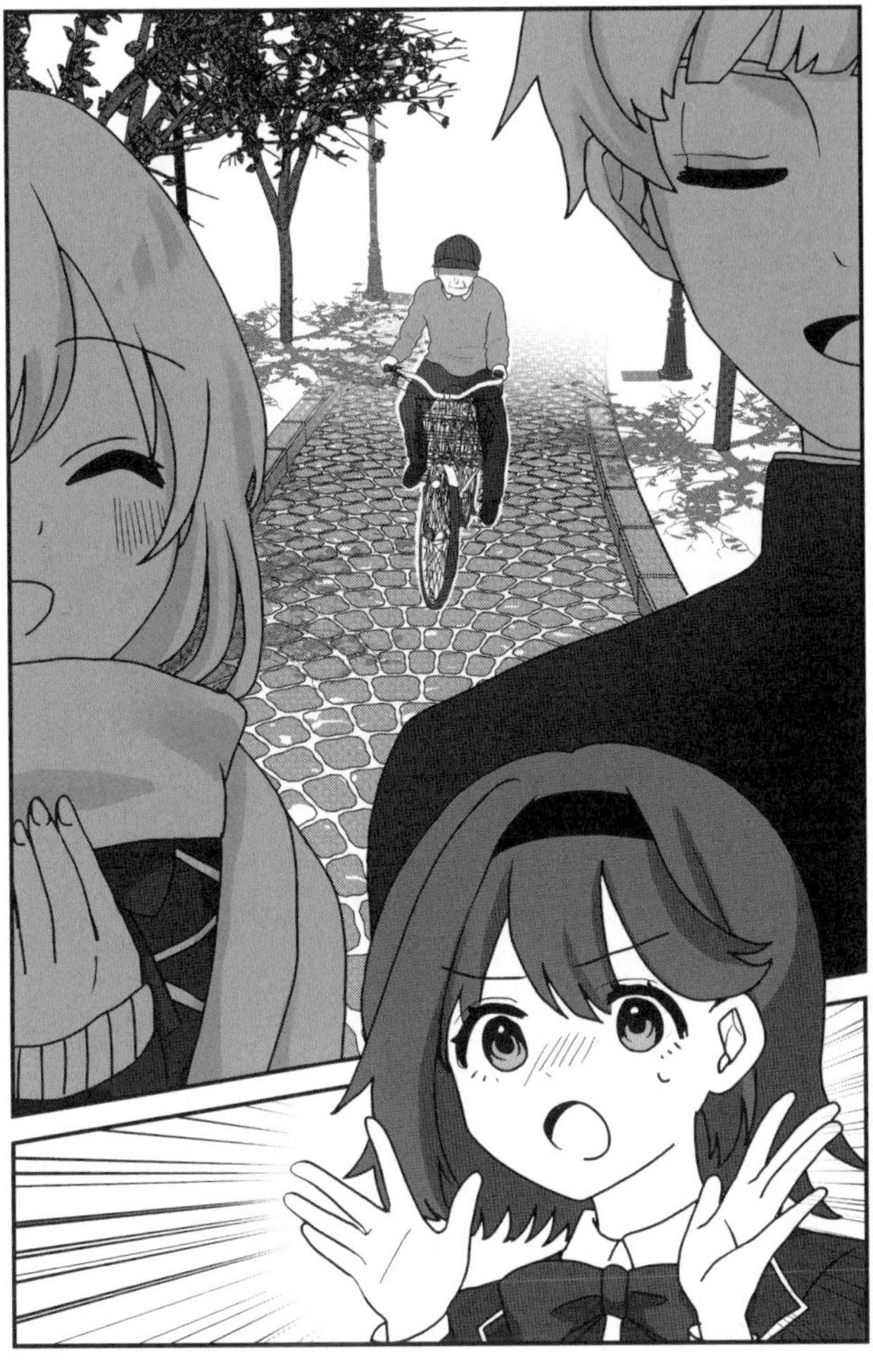

自転車のおじさん、ヒドい！　そのまま公園突《つ》き抜《ぬ》けて、外に出ていった！

しかも、ユッコのマフラーが、自転車の籠《かご》に引っかかって持っていかれている！

二人のところに行かなきゃ。

突然、自転車に衝突《しょうとつ》され、何が起こったのかわからないといった面持《おもも》ちで、公園の地《じ》面《めん》に倒れている二人のもとに、ジュリは急いでかけつけた。

「大丈夫？　ユッコ、ケンくん！」と、ジュリはいった。

「あっ？　ジュリ。いたた……」と、ユッコはいった。

「やあ、ジュリちゃん。ん？　あっ、わわわっ」と、起き上がろうとしたケンは、下を見ると突然叫《とつぜんさけ》び始《はじ》めた。

よく見ると、ケンの大事な飛行機のプラモデルが粉々《こなごな》になっていた。ケンが自転車に衝突されて地面に倒れたときに、下敷《したじ》きになってしまったようである。

「二人とも、ケガはない？」と、ジュリは二人の安否《あんぴ》をまず確認《かくにん》した。

「ありがとう。ちょっと、尻《しり》もちをついてしまったけど、わたしはなんとか大丈夫そう。それより、ケンくんの飛行機が……」と、ユッコは涙ぐみ始めた。

「ケンくんは、身体《からだ》のほうは大丈夫？」と、ジュリは聞いた。

「うん。身体のほうは大丈夫さ。でも、このグチャグチャな飛行機は、悲しすぎるよ。

せっかく手に入れて、時間をかけてつくったのに……って、誰が犯人？　なんだ、これ」

ジュリは、すっかり犯人を見失《みうしな》っていたことに気づいた。車にひかれたような交通事故ではなかったし、自転車にはナンバープレートがあるわけではない。

「あっ、でも、そうだ！」

ジュリは、二人の公園デートを遠くからスマホで撮影《さつえい》していたことを思い出した。あっ、それに動画も撮《と》っていたかも……。

「ちょっと、それ見せて」と、ユッコとケンは声を合《あ》わせた。

ジュリのスマホ画面には、「キーコ、キーコ」とつぶやきながら、自転車の速度を急激《きゅうげき》に上げて公園の出口に向かう、50代くらいの男が映《うつ》っていた。

動画を見返してみると、90度の角《かど》を曲がって現《あらわ》れた、その自転車は公園の出口に向かって速度を上げたようで、二人にわざとぶつかろうとしたのではなかったようである。

でも、これって……？

「えっと、フホウコウイ？」

「ジュリちゃん、フホウコウイなら、飛行機のプラモデル、弁償《べんしょう》してもらえるかな？」

「うん。できるんじゃない？」

「でも、わざとじゃなかったとか、公園にそんな大きなプラモデルを持ってきているほうが悪いとか、いわれないかな。って、あ、あれ？」

「どうしたの、ユッコ？」

「わ、わたしのマフラーがない！」

「あっ、それ。たしか、あのおじさんの自転車の籠《かご》に引きずられて入っていたかも！」

ジュリが思い出して、映像を再度確認すると、自転車の籠にユッコのマフラーがはさまっていた。そのことにも気づかず、自転車の男が走《はし》り去っていく様子《ようす》も映っている。

「マフラーも取り返さないとだね！」とジュリがいうと、ユッコは「あれ、ないな。ない！」と、さらに動揺《どうよう》し始めた。

「スマホもない！」

シーン❸ スマホを鳴らしてみると……？

「よし、僕がユッコにかけてみよう」

そういうとケンは、制服の内ポケットから、スマホを取り出した。バイブレーションの音がどこかでするかもしれないと考え、三人は耳をすました。しかし、様子に変化はなかった。

「もしかして……。ユッコ、首からかけてた？」

「あっ。しまった！　わー、これ。切れてるし……」

ジュリがユッコの首もとを見ると、スマホストラップが、ちぎれている。

「じゃあ、スマホも、あのマフラーと一緒《いっしょ》に、おじさんの自転車の籠かも……」

「警察に届《とど》けるしかないかな。これは？　ハンザイ？　ではないかもしれないけど、とにかくスマホもマフラーも早く返してほしいし、ケンくんには弁償してほしい」

「うん。これはフホウコウイだと思う！　だから、損害賠償《そんがいばいしょう》はできるはず！」

「スマホとマフラーは、現物《げんぶつ》を返してほしいなあ。ジュリちゃん、それもできるんだよね？」

「うん。そりゃあ……、そうだよ！」

そう答えながら、ジュリは自信がなくなってきた。そもそも、法律用語だけ述べてみたものの、フホウコウイもよくわかっていないのが、実際だった。それでジュリは、頼《たの》みの先生に電話をすることにした。

「ちょっと、待ってね。確認してみるから」

シーン❹ ジャスティン教授からの回答

「はい。あっ、やっぱり、フホウコウイですね。あの、わざとではないかもしれないのですけど……。あっ、カシツでも問題ない……ですか。よかった。じゃあ、ケンくんのプラモデルは……、はい。損害賠償金の支払《しはらい》を求めることができる。あっ、それでユッコのマフラーとスマホなんですけど……。はい。あっ、はい。フトウ……リトク？？？　そういうのになるんですね。ヘンカン？　セイキュウ？　わー、よかったです！」

ジュリは電話を切ると、ユッコとケンに「大丈夫よ！　フホウコウイにフトウリトク！損害賠償もヘンカンセイキュウもＯＫみたい。あとは、あのおじさんを見つけなきゃ。証拠《しょうこ》の動画はあるけど、このまま逃《に》げられてしまったら困るし……」

キーコ、キーコ。キーコ、キーコ。

「えっ」

そこに、先ほどの自転車がやってきた。よく見ると、籠にはユッコのマフラーが入っている。これは間違いなく、先ほどの自転車である。

って、逃げるどころか、ふつうに巡回《じゅんかい》してるの？　おじさんにとっては、この公園は、ただのツーリングコース？　え？　もしかして、全然悪気《ぜんぜんわるぎ》なし……？

「あの！」と、ジュリは声をかけ、自転車を止《と》めた。

「キキキキキーー。なにかな、急《きゅう》に。キミのような女子高生と話す用件《ようけん》は、わしにはないと思うが……」

「いや、その、籠にあるマフラー、この子《こ》のなんです。返してあげてください。って、そもそも、この二人に先ほど自転車をぶつけてるんですけどね。覚《おぼ》えてないのですか？」

「キーコキーコ……。覚えがないね……」

「この男の子のプラモデル、とっても貴重《きちょう》なものなのに、壊《こわ》されてます」

「これです。僕の下敷《したじ》きになり、壊れました」

「それなら、キミの責任ということだろうな。キーコキーコ」

「とりあえず、マフラー返してもらいますね」と、ユッコが自転車の籠からはみ出ていたマフラーを引き抜こうとすると、「キーコ！キーコ！」と、自転車の男は大きな声を上げた。

「ちょっと待てい。この自転車はわしの所有物《しょゆうぶつ》だ。であるから、その籠に入っているものも、わしのものになる。そもそも、籠に知らないうちに入っていたのだ。わざと籠に入れたのでもない。それがどうしても欲《ほ》しいというなら、キーコ！　お金《かね》を払《はら》いなさい」

「ちょっと、なに、いってるんですか。あなたには、『フホウコウイ』が成立しますよ！　コイじゃなくても、恋？　じゃなくて、『故意《こい》』ではなくても、自転車の運転に『カシツ』がありましたからね！　角を曲がってから、急《きゅう》にスピードを上げましたよね！」

「なんと……」

「それに、自転車の籠に入っている、このマフラーと……。この籠の中にユッコのスマホもあったはずなので……」

「ほお……」

「ホウリツジョウのゲンインのないリトクです。『フトウリトク』なので、あなたには、スマホを彼女に返す義務があります！」

「ふん。ようわからんけど、じゃあ、持っていけ。こちらにとっても、邪魔《じゃま》なだけだ」

ユッコが自転車の籠に手をのばすと、マフラーの下にスマホもあった。

「よかった。ジュリ、ありがとう！」

「でも、そのプラモデルのほうは、知らないぞ。過失《かしつ》が自分にあるかなんてわからんし、わざわざ公園に壊れやすいプラモデルなんか持ってきて、自慢《じまん》げに女に見せていた。それで、わしの自転車の通行を妨《さまた》げたわけだろう」

と、そこに警察官がやってきた。

ジュリとユッコが「えっ」というと、ケンがウインクをした。

「すみません。この公園、自転車の通行《つうこう》を禁止《きんし》しているんですけどね。あの看板《かんばん》が見えませんか……。って、また、おまえだな。キーコキーコの」

「うぬううう……」

そういうと、自転車のハンドルを両手で握《にぎ》ったまま、男は下《した》を向いた。

ジャスティン教授の法律アドバイス⑩

先生、またまたトラブルでした。そして、また警察沙汰《けいさつざた》。でも、今回もありがとうございました！

キーコの男《おとこ》が飛行機のプラモデルを壊《こわ》したことについては、**不法行為**《ふほうこうい》に基づく**損害賠償**《そんがいばいしょう》**請求**ができるだろう。それから、マフラーとスマホについては、所有権《しょゆうけん》がある。また、**不**《ふ》**当利得**《とうりとく》にもなっている。だから、**返還請求**《へんかんせいきゅう》ができると、電話では答えたよね。

はい。おかげでキーコのおじさんに、法律の主張をすることができました。たどたどしかったとは思うのですが、向こうも動揺《どうよう》していました。最後は、通報《つうほう》してくれていたケンくんのおかげでしたけど。

結局、プラモデルのほうは**弁償**《べんしょう》してもらえたのかな？

最後はケンくんのお父さんも警察署《けいさつしょ》に呼ばれて、キーコのおじさんと話し合いの末《すえ》、弁償してもらえることになったようです。そのおじさんは何度も事故やトラブルを起こしていたようなので、警察の人からも怒《おこ》られていました。

そういうことだったのか。二人とも、ケガはなかったようで、よかった。もしケガまでさせられていたら、「過失傷害罪《かしつしょうがいざい》」などの刑事責任の追及《ついきゅう》もあり得《え》たね。

刑法《けいほう》のほうですね。警察の人も、そんなことをいっていました。「本当に、もうやめなさい」と、強く注意していました。でも、フホウコウイは、カシツ次第だったのでしょうか？　あのおじさんは「わざとではない」と主張していましたけど。

そうだね。不法行為とは、故意《こい》または過失《かしつ》によって、他人に損害を与えた場合をいう。加害者《かがいしゃ》には、被害者《ひがいしゃ》に対して、損害を賠償する責任が生じる。民法に規定されているものだけど、わざとではなかったのであれば、「故意」はないことになる。

二人にはあっても、おじさんにはないやつですね。うふ。

なんのことだろう？

先生、法律には詳《くわ》しいのに、そういうのは鈍感《どんかん》なんですね。あは。

……、湯村さん。ちょっと、いっていることがよくわからないが。

恋《こい》ですよ！　恋！　ユッコとケンくんには、恋愛《れんあい》が成立しています。しかし、あのおじさんには、故意はなかったという。

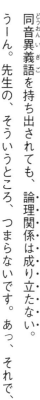

同音異義語《どうおんいぎご》を持ち出されても、論理関係は成り立たない。

うーん。先生の、そういうところ、つまらないです。あっ、それで、こういう事故の場合は、そもそも通常は「故意」なんてないでしょうから、「過失」が必要なのですね。でも、過失って、どういうものなのですか？

過失とは、不注意《ふちゅうい》のことだ。忘れたかもしれないけれど、錯誤《さくご》のときにも、少し話したと思う。覚えていないかな？

ああ！　重過失《じゅうかしつ》がありました！

そう。あのときは、通常の過失よりも重《おも》い過失であれば、錯誤の主張をできないという話だった。今回は、**過失があれば、不法行為責任を負うことになる**、という話だ。

じゃあ、過失は不注意ってことですね。ユッコとケンくんにぶつかったのは、あのキーコのおじさんに不注意があったからですよね？

映像も残っていたようだし、それも警察には証拠として……。

見せました。

それで、相手も堪忍《かんにん》したのだろう。過失は、わかりやすくいえば不注意だが、**注意義務違反**といわれるもので、**予測できたか、結果を回避できたか**を中心に判断することになる。

自転車は通行禁止のあの公園をキーコキーコと自転車に乗っていたら、公園でデートしている高校生二人とぶつかることを予測できたか、男の子が持っていた飛行機のプラモデルを壊す結果が起きることを回避できたか……ですか。

鋭いね、湯村さん。ざっくりいえば、そういうことになる。実際にどのような状況であったのかが重要になるが、映像からは90度の角《かど》を曲がって現《あらわ》れ、そこから公園の出口に向けてスピードを上げたということだった。過失はあるだろう。

ケンくんのプラモデルはどうなんですか？

飛行機のプラモデルが壊れることまで予測できないかもしれないけど、自転車をぶつけてしまえば、公園で遊んでいる人が持っているものを壊してしまうことは予測できるだろう。その結果を回避することも、運転に気をつけるだけで十分にできた。前方《ぜんぽう》をよく注《ちゅう》視《し》していれば、ケンくんとユッコちゃんの存在に気づくことは簡単にできたはずだし、急に速度を上げるべきでなかったといえる。

たしかに、それはそうですね！　じゃあ、フトウリトクも、教えてください。

電話でも少し話したけど、**不当利得**は、法律上の原因もなく、ある人が利益《りえき》を得ていて、別《べつ》のある人が損失《そんしつ》を受けている状態だ。利益を得ている理由はないから、その利益を得たことで損失を受けてしまっている人に対して、返還《へんかん》をしなければならない。

ユッコが、キーコおじさんの自転車の籠に入ってしまったマフラーやスマホを返してください、と請求できるってことですね。

そうだ。これを、**不当利得に基づく返還請求**という。不法行為と違って、**故意も、過失**

も不要になる。それを所持《しょじ》していることに、理由がない。そして、それを所持すべき人がいる。だったら「それは返そう」という、シンプルな理屈《りくつ》だ。

それを法律用語としていうと、不当利得になるんですね！

そうなるよ。物の所有者には、所有権に基づき返還を求める権利も、もちろんある。ここでは、せっかくなので、不当利得という言葉を知ってもらえるとよいだろう。

「不当利得《ふとうりとく》なので、あなたには、スマホを彼女に返す義務があります！」

■第10話で押さえておきたい法律用語

不法行為／過失／故意／損害賠償責任／不当利得／過失傷害罪／窃盗罪／占有離脱物横領罪／所有権

■解説

学校の近くの公園で、放課後に高校生のカップルが、中年男性の運転する自転車に衝突《しょうとつ》されました。しかし、高校生に大きなケガはありませんでした。ケンにとって悲しかったことは、飛行機のプラモデルが壊《こわ》れてしまったことでした。

加害者《かがいしゃ》（中年男性）と被害者《ひがいしゃ》（高校生のカップル）でモメたのは、加害者の自転車の籠《かご》に入ってしまった被害者のマフラーとスマホを被害者は返してもらいたいと伝えたのに対して、加害者は返さなくてもいいと主張した、というものです。ふつうは、こんな主張をする人（加害者）はいないでしょう。「籠に知らないうちに入っていたのだ。わざと籠に入れたのでもない」という主張です。自転車が自分の所有物である以上、「その籠に入っているものも、わしのものになる」というものでした。

ケンの機転《きてん》をきかした通報《つうほう》により、警察官もかけつけてくれました。片言《かたこと》ながらも法律用語を堂々《どうどう》と使う女子高生にたじろいだ中年男性とのトラブルは、問題なく解決することができました。常識で考えると、どれも妥当《だとう》な答えは出せそうです。では、法律的に見ると、どうなのでしょうか。

意外と多くの論点がありますので、一つひとつ見ていきたいと思います。

まず、**不法行為《ふほうこうい》**は、**故意《こい》**または**過失《かしつ》**により、他人の権利を侵害した者が、これによって生じた**損害《そんがい》**を**被害者に賠償《ばいしょう》する責任を負《お》う**、というものでした

（第8話参照）。不法行為を行った加害者が、被害者に負うべき責任のことを、「**不法行為責任**」といいます。この責任は、損害賠償することを意味しますが、原則として、お金の支払《しはらい》で賠償するものとされています（**金銭賠償《きんせんばいしょう》の原則**）。事故などで相手に与えてしまった損害は、事故を起こした人が弁償する責任を負う、ということです。つまり、与えた損害を埋《う》め合《あ》わせるために必要なお金を支払う、ということですね。

したがって、不法行為責任が成立する場合、自転車の衝突《しょうとつ》で壊してしまったケンの飛行機のプラモデルの代金に相当《そうとう》する金額《きんがく》（市場価格《しじょうかかく》。お店で販売されている値段《ねだん》）を支払うことが、自転車を運転していた男の責任として生じます。

こうした不法行為責任は、わざと行ったような「**故意**」のある場合だけでなく、うっかりとやってしまったような「**過失**」の場合にも生じます。

ジャスティン教授の説明のように、過失は「**注意義務違反**」と考えられています。結果が生じることを予測《よそく》することができたか（**予見可能性《よけんかのうせい》**）と、そうした結果を注意すれば回避《かいひ》することができたか（**結《けっ》果回避可能性《かかいひかのうせい》**）の2つの観点《かんてん》から判断《はんだん》されます。ジユリが撮影《さつえい》した事故の状況から見ても、自転車の通行が禁止されていた公園であったことから見ても、自転車を衝突させた男に過失があるのは間違いないでしょう。

また、自転車の運転の不注意で衝突した人が持っていた物を壊してしまうことは、通常あり得ることです。ケンのプラモデルが壊れたことが、賠償すべき「損害」であることは間違いありません。なお、法律論として見ると、こうした「損害」がどの範囲で認められるかについては、一般に、通常生じる損害といえるかどうかで判断されます。

では、自転車の籠に入ってしまったマフラーとスマホは、どうでしょうか。ユッコのものであることは明らかです。しかし、自転車の男は、自分の所有《しょゆう》物《ぶつ》である自転車の籠の中に入っていたから自分のものになると主張していました。わざとではないといっていたのは、他人の財物《ざいぶつ》を故意にとって自分の物にすれば「**窃盗罪**《せっとうざい》」が成立してしまうので、そうではないという弁解だったのでしょう。

自転車の男は、過去にも公園でトラブルを起こしていたようです。マフラーとスマホが自転車の籠の中に入っているのに、再び同じ公園にやってきた男の行動から見ても、自己中心的な自転車の運転に男の目的はあったものと思われます。女子高生のマフラーやスマホを、自転車の籠に入れて盗《ぬす》もうとしたわけではなさそうです。もし、わざとだったのであれば、他人の財物を盗んだ犯人として「窃盗罪」を犯したことになるわけですが、警察でも不問《ふもん》とされたようです。

このように、**犯罪が成立するためには、原則として「故意」が必要**になります。故意とは、わざとというのがわかりやすい表現だと思います。厳密《げんみつ》にいうと、「～するつもり」まで明確になくても、「～という結果が発生するかもしれないけど、それでも構わない」と思うことも、故意にあたると解釈されています。前者《ぜんしゃ》を「**確定的故意**《かくていてきこい》」といい、後者《こうしゃ》を「**未**《み》**必**《ひつ》**の故意**」といいます。殺人罪などでは、「たしかにナイフで女を刺《さ》したけど、指を刺すつもりだった」といった（殺人の故意を否認《ひにん》する）弁解が、裁判でされることがあります。どこまでの結果を認識《にんしき》・認《にん》容《よう》していたかで、犯罪名が変わるからです。この場合、殺人の故意が認められれば「**殺人罪**」ですが、認められなければ「**傷害致死罪**《しょうがいちしざい》」となり、刑が軽くなるのです。

自転車の男は、こうした「未必の故意」すらなかったと思われますので、「窃盗罪」にはなりません。ただ、遺失物《いしつぶつ》（落とし物）や、所有者の占有《せんゆう》（支配）を離《はな》れた財物を、自分のものにしようとして、これを得た場合には、「**占有離脱物横領罪**《せんゆうりだつぶつおうりょうざい》」が成立します。本件の男は、自転車を運転していただけなので、この犯罪の成立も難しそうです。

　故意がなければ犯罪は原則として成立しないといいましたが、例外的に「過失」でも犯罪が成立する場合があります。それは、刑法などの法律の規定に「過失」でも犯罪が成立することが定められている場合です。

　うっかり不注意で人を傷つけてしまったり、場合によっては命を奪《うば》ってしまったりする場合もあります。故意ではないことから、刑罰《けいばつ》は軽くなります。

　今回は自動車の運転ではなく、公園での自転車の運転でした。もしケンやユッコをケガさせた場合には、「**過失傷害罪**《かしつしょうがいざい》」が成立したと考えられます（公園での自転車の通常の運転では、一般に業務上の過失とまでは認められません。「業務」であれば、より重い「**業務上過失致死傷罪**《ぎょうむじょうかしつちししょうざい》」もあるのですが）。

　過失傷害罪は軽い刑罰になりませんが、過失行為で成立する犯罪（過失犯《かしつはん》）は、自動車の運転のように、もともと人の命を簡単に殺《あや》めてしまう可能性のある危険な行為から生じる場合もあります。そこで、刑法や別の法律で、さまざまな犯罪が定められています。特に、自動車の運転には悪質な事故があとを絶《た》たないことから、「**自動車運転死傷行為処罰法**《ししょうこういしょばつほう》」（正式な法律名は「自動車の運転により人を死傷《ししょう》させる行為等の処罰に関する法律」）と呼ばれている特別な法律で、運転の状況によって、重い刑罰が適用される犯罪が定められています。

　最後になりましたが、マフラーとスマホです。これらが自転車の籠に入ってしまったこと自体は犯罪ではないとしても、これらを所有者であるユッコに返す必要があります。

　民法は、こうした場合に「**不当利得**《ふとうりとく》」として、法律上の原因（**根拠**《こんきょ》）のない利得《りとく》をしている者（利益を受けているという意味で「**受益者**《じゅえきしゃ》」といいます）に、その返還《へんかん》を求める権利を認めています。これを「**不当利得に基づく返還請求権**」といいます。

　不当利得は、不法行為と異なり、故意や過失はそもそも関係がありません。たとえば、誤って送金するつもりのない人に対して、銀行振込をしてしまった場合などもそうですし、窃盗《せっとう》などの犯罪によってお金や物を奪《うば》われた場合なども、不当利得になります。

ある者が得ている利得に、「法律上の原因（根拠）」がないことが、不当利得のポイントです。このような場合、その利得によって「損失《そんしつ》」を被っている者が、利得（利益）を得た者（受益者）に返還請求をすることができるのです。

なお、民法は、所有権を持つ人に、強力な力を認めています。この点で、マフラーとスマホの所有者でもあったユッコは、所有権に基づいてマフラーとスマホの返還を求めることも可能です。むしろ、本件では、そのほうが直接的ともいえます。

権利の行使《こうし》には、複数の根拠がある場合もあるのです。

この解説に関連する法律の条文を、最後に挙げておきます。これまでの解説の根拠になる規定です。法律の条文を実際に読んでみたい方は、ぜひ確認してみてください。

◉民法

（所有権《しょゆうけん》の内容）

第二百六条　所有者は、法令の制限内において、自由にその所有物の使用、収益及《しゅうえきおよ》び処分《しょぶん》をする権利を有する。

（損害賠償《そんがいばいしょう》の方法）

第四百十七条　損害賠償は、別段《べつだん》の意思表示《いしひょうじ》がないときは、金銭《きんせん》を持ってその額を定める。

（不当利得《ふとうりとく》の返還義務）

第七百三条　法律上の原因なく他人の財産又《また》は労務《ろうむ》によって利益を受け、そのために他人に損失《そんしつ》を及《およ》ぼした者（略）は、その利益の存《そん》する限度《げんど》において、これを返還する義務を負《お》う。

（不法行為《ふほうこうい》による損害賠償）

第七百九条　故意《こい》又は過失《かしつ》によって他人の権利又は法律上保護される利益を侵害《しんがい》した者は、これによって生じた損害を賠償する責任を負う。

（損害賠償の方法、中間利息《ちゅうかんりそく》の控除《こうじょ》及び過失相殺《かしつそうさい》）

第七百二十二条　第四百十七条及び第四百十七条の二の規定は、不法行為による損害賠償について準用《じゅんよう》する。

2　被害者に過失があったときは、裁判所は、これを考慮《こうりょ》して、損害賠償の額を定めることができる。

◉刑法

（故意）

第三十八条　罪《つみ》を犯《おか》す意思がない行為は、罰《ばっ》しない。ただし、法律に特別の規定がある場合は、この限りでない。

（略）

（過失傷害《かしつしょうがい》）

第二百九条　過失により人を傷害した者は、三十万円以下の罰金《ばっきん》又《また》は科料《かりょう》に処《しょ》する。

2　前項《ぜんこう》の罪《つみ》は、告訴《こくそ》がなければ公訴《こうそ》を提起《ていき》することができない。

（過失致死《かしつちし》）

第二百十条　過失により人を死亡させた者は、五十万円以下の罰金に処する。

（業務上過失致死傷等《ぎょうむじょうかしつちししょうとう》）

第二百十一条　業務上必要な注意を怠《おこた》り、よって人を死傷させた者は、五年以下の懲役若《ちょうえきも》しくは禁錮《きんこ》又は百万円以下の罰金に処する。重大《じゅうだい》な過失により人を死傷させた者も、同様とする。

（窃盗《せっとう》）

第二百三十五条　他人の財物《ざいぶつ》を窃取《せっしゅ》した者は、窃盗の罪《つみ》とし、十年以下の懲役又は五十万円以下の罰金に処する。

（遺失物等横領《いしつぶつとうおうりょう》）

第二百五十四条　遺失物、漂流物《ひょうりゅうぶつ》その他占有《せんゆう》を離れた他人の物を横領《おうりょう》した者は、一年以下の懲役又は十万円以下の罰金若しくは科料に処する。

◉自動車の運転により人を死傷させる行為等の処罰に関する法律

（危険運転致死傷）

第二条　次に掲げる行為を行い、よって、人を負傷させた者は十五年以下の懲役に処し、人を死亡させた者は一年以上の有期懲役に処する。

一　アルコール又は薬物の影響により正常な運転が困難な状態で自動車を走行させる行為

二　その進行を制御することが困難な高速度で自

動車を走行させる行為

三　その進行を制御する技能を有しないで自動車を走行させる行為

（略）

（過失運転致死傷）

第五条　自動車の運転上必要な注意を怠り、よって人を死傷させた者は、七年以下の懲役若しくは禁錮又は百万円以下の罰金に処する。ただし、その傷害が軽いときは、情状により、その刑《けい》を免除《めんじょ》することができる。

第11話

バイト先でミスったのは事実——。
でもそれ、関係なくない？

「不法行為《ふほうこうい》に基づく損害賠償請求《そんがいばいしょうせいきゅう》は、因果関係《いんがかんけい》のない損害についてはできません」

シーン❶ 話題の人気店で食べるアメリカンドッグ

SNSで話題のお店にきたジュリは、ユッコとケンと三人で、衣《ころも》がふわふわについたソーセージに刺《さ》さった棒《ぼう》を手にとった。

「これ。めっちゃ、ふわふわだね」と、ユッコがいった。

「いままで食べたアメリカンドッグとは、全然違うなあ」と、ケンがいった。

店員が、このふわふわの厚《あつ》い衣に、オリジナルのケチャップとマスタードを塗《ぬ》りたくってくれる。これが不思議と、お皿《さら》の色とも合《あ》って綺麗《きれい》に映《うつ》る。

こうして、アメリカンドッグを食べることができる「アメ・カフェ」は、SNSを中心に、女子高生に人気沸騰《にんきふっとう》のカフェになっていた。

「アメリカンドッグって、コンビニで売ってるイメージしかなかったけど。こうして食べてみると、衣のふんわりとした甘さにケチャップとマスタードのぴりっとした味が、ジューシーなソーセージにぴったり合うね。これは、当たりだあ」

歓喜《かんき》の声を上げたジュリは、混雑《こんざつ》したカフェの2つ先のテーブルに、顔見知《かおみし》りの人物を発見した。どうやら、学校からもそれほど遠くない、このお店をバイト先にしたらしい。

「ねえ、ユッコ。あれ、ワカメちゃんじゃない？」

「えっ。あっ、ほんとだ。あれ、ワカメちゃんだ。バイト先、ここにしてたなんて……」

「新《あたら》しいものが好きな、ワカメちゃんらしいね」と、ケンがいった。

「って、ケンくん。ワカメちゃんって、新しいもの好きだったたっけ？」

「いやあ、なんとなくだよ」と、ケンは爽《さわ》やかにウインクをした。

「適当でしょ。ケンくんて、飛行機のこと以外は、いつも上手《じょうず》に合わせてくる」

「二人とも和解《わかい》したようだし、ちょっと声をかけてみる？」と、ジュリは提案《ていあん》した。

「うーん。でも、この混雑《こんざつ》だし、いいんじゃない。忙《いそが》しいだろうし、向こうが気づいたらで」

「そうだね」と返したジュリが、さらにアメリカンドッグの残りにかぶりついたとき、「すみません。ほんとに申し訳ありませんでした。でも……」という声が聞こえてきた。

客とトラブルになった店員が、謝罪《しゃざい》をしているようである。

って、ワカメちゃんじゃない。どうしたんだろう？

話に耳を傾《かたむ》けているうちにジュリは、最近書店で購入《こうにゅう》したある本がスクールバッグの中に入っていることを思い出した。

シーン❷ クレームの内容とは？

「すみません。ほんとに申し訳ありませんでした」と、ワカメは頭を下げた。

「でも……」

アメリカンドッグで話題のこの新しいお店で、バイトをし始めたばかりのワカメである。高校生の彼女もこれまでに飲食店でいくつかバイトをしたことがあり、接客《せっきゃく》で謝《あやま》ることには一応《いちおう》慣《な》れていた。

そんなワカメでも、「でも」といわざるを得なかった。

「でも……。なにか違うんじゃないですか？」

「なにっ。おまえ、いい根性《こんじょう》しとるな。店員が客にケチャップとマスタードをかけて、仕事のスーツとシャツを赤黄色《あかきいろ》にしておいてよ」

「そのことは、本当に申し訳ありませんでした。ですから、クリーニング代をご用意させていただきました」

「おお、それはそうだろうよ。しかしね、しかし」と、髪の一部を赤色《あかいろ》に染めた30代前半くらいのスーツを着た男は、声を荒《あら》らげた。

「しかし、うちの商談《しょうだん》もパーになってしまったんだよ。はい、これ。1億円がね、パーになったわけだよ。これも当然、賠償《ばいしょう》してくれるよね。それからよ……」

「ですから、その点につきましては……」

ワカメは、たしかに、この男が派手《はで》な女とアメリカンドッグを食べに来店した際、足をすべらせて、ケチャップとマスタードを男の白シャツやスーツの袖《そで》につけてしまった。

そのときは女も一緒にいたからか、声を荒らげることもなかった。クリーニング代を渡すことを申し出ると、「いやあ、そこまで。でも、悪いね」と、謙虚《けんきょ》な紳士《しんし》だった。

ところが、男がいうには、その後、ケチャップとマスタードのついたスーツとシャツで大事な商談をすることになった。そうしたところ、あとちょっとでまとまるはずだった契約が急に破談《はだん》となってしまい、1億円の損失《そんしつ》が生じたというのである。

それだけではない。赤い髪が一部にある男が続けた。

「それからよ、あんなかっこ悪い姿を見せたもんだからよ、婚約《こんやく》まで破棄《はき》されたわけだよ。って、突然よ、さっきメッセージが届《とど》いてよ。はい、これ。これも当然、賠償してくれるよね」

「本当に申し訳ありませんでした」

シーン❸ ジュリ、弁護士になる……？

こんな態度を、女子高生の店員にとるような男だから、フラれたんだろうよ。と、ワカメは心の中で思った。が、ここは堪《こら》えるしかない。

「商談がうまくいかなかったのだって、自分の交渉力がなかったんじゃないの」

「おい、おまえっ」

ワカメはハッとなった。堪えていたはずが、心の中で思っていたことを、間違えてそのまま口に出してしまった。

「そりゃあよ。リモートだよ、リモート。だから、この茶色のスーツに赤と黄色のしみがついていたことも、白シャツによく見ると赤黄色が混《ま》じっていたことなど、相手の小さなパソコンの画面には、見えなかったかもしれないわけだよ。それは、そうだろうよ」

「えっ？」

じゃあ、商談のほうは、それ……。関係なくない？　ワカメは、いらいらしてきた。

「しかしね、しかし。婚約破棄《こんやくはき》はマズいでしょうね。はい」

「本当に申し訳ございません。お客様の大切なパートナーとのお食事のときに、わたしが転《ころ》んでしまって……」

「ねえ」

そこに、聞いたことのある声が聞こえた。あれ、ジュリ……ちゃん。ユッコちゃんと、ケンくんもいる。

「アメリカンドッグ、めちゃ美味《おい》しかったよ」と、ジュリがいった。どうやら、3人で学校帰りに、お店にきていたようである。混雑していたので、ワカメは気づかなかった。

「おいおい、なんだ。君の友達か? みんな制服《せいふく》着て……って、なんだ。高校生だったのか。そうか、君は、JK《ジェーケー》ということだな」

「どんな質問なの、それ」と、ジュリが答えた。

「ジュリちゃん、ごめん。これね、わたしが昨日《きのう》、お客様にケチャップとかつけちゃってね。それで……」

「話は聞いてたよ。でも、クリーニング代はすでにお支払《しはらい》したんだよね」

「うん。それは、昨日すぐに店長さんが用意してくれて……」

「ごたごた、ごたごたいってないでよ、早く、今日も店長さんにきてもらったらどうよ。JKは邪魔だから、どいてな。これはね、法律問題なんだよ、法律の問題。キミにはわからないだろうけどよ、不法《ふほう》……」

「不法行為《ふほうこうい》に基づく損害賠償請求《そんがいばいしょうせいきゅう》……ですよね」と、ジュリがいった。

「おお、それ。JKのくせに、なんで知ってるんだ。そんなこと。でも、まあよ。いずれにせよ、商談破談の1億円とよ、婚約破棄の慰謝料《いしゃりょう》300万円ってとこなわけだよ。不法行為に基づく損害賠償請求権が、あるだろうよ……」

うう。ジュリちゃん、最近、法学部志望で法律に詳《くわ》しくなっているけど、相手も法学部出身の人か、大企業《だいきぎょう》の法務部《ほうむぶ》の人とかじゃない？　完全に負けてる。って、え？

ワカメは、ジュリが右手を高く上げて、男の前にスマホを突《つ》き出すのを見た。

「不法行為に基づく損害賠償請求は、因果関係《いんがかんけい》のない損害についてはできません」

「な、なに？」

「わお、ジュリ。弁護士さんみたい」と、ユッコがいった。

「うん、頼《たの》もしいよ。ジュリちゃん」と、ケンがいった。

ジュリが男の前に差《さ》し出したスマホの画面には、民法709条という条文《じょうぶん》が映《うつ》っていた。

ジュリちゃん、弁護士みたいじゃない。かっこいい！　ワカメはピンチを救ってくれた正義《せいぎ》のヒーローではなく、ヒロインの登場に感激《かんげき》した。

「帰る」といって、赤髪《あかがみ》の男はそそくさと店を出ていった。

ジャスティン教授の法律アドバイス⓫

ということで！　ワカメちゃんのトラブルを、救ってあげることができました。法律って、すごいですね。いつも、ありがとうございます！

今回は、何もアドバイスをしていないが。

先生から教わった**不法行為**《ふほうこうい》について、インターネットのe-GOV（イーガブ）で民法の法律に書いてある条文を読んだり、ちょっとわかりやすそうな民法の新書を買って勉強したりしてたんです。

それで、不法行為について規定された民法の条文、７０９条をスマホで示したのか。

はい！　**因果関係**《いんがかんけい》があることも、不法行為の成立には必要である。ということを本で読んでいて、それが役立ちました！

自分で調べたことを応用できたのは、よかった。法学部に向いているかもしれない。

これも、すべて先生のおかげです。早く、「大学に行きたい！」って、最近思ってます。

でも、どうして、こんなに身のまわりで次から次へと、法律問題が起きるのでしょうか……。

それは、法律の目を持ったからじゃないかな。

法律の目？　ですか。

そうだ。カラーバス効果というのを聞いたことはあるだろうか。

あっ、それ。それも本で読んだことがあります。赤をイメージすると、急に身のまわりにある赤色のものが目に入ってくるという……。あっ、そうか！

そういうことだ。法律の目を持つようになったので、身のまわりに起きることを、「法律問題」として捉《とら》えることができるようになった。

たしかに、最近ニュースを見ていても、あ、これって**窃盗罪**《せっとうざい》だなとか、「殺すつもりはなかった」というのは**殺人罪の故意**《こい》を争っているんだ、この人……とかわかるようになってきました。

法学部に行って、法律の勉強を本格的に始めたら、さらにいろいろなことを「法律問題」として捉えられるようになるだろう。

じゃあ、さらに大学を卒業して、法科大学院《ロースクール》に行ったら……ますますですかね。

湯村さん次第だが、ますますそうなるだろう。

先生、それで、不法行為について教えてください。本でも読んだのですが、**不法行為に**

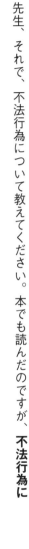

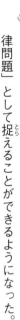

基づく損害賠償請求権《そんがいばいしょうせいきゅうけん》が成立するためには、**故意または過失**《かしつ》があって……。それから、**損害が発生**したことだけじゃなくて、両者の間に「**因果関係**」があることも必要なんですよね？

そうなるよ。因果関係は「**あれなければ、これなし**」という**条件関係**《じょうけんかんけい》では足りず、そのような行為があれば、そのような損害が生じることが相当《そうとう》といえる「**相当因果関係**《そうとういんがかんけい》」が必要になる。

条件関係ですか？

「あれなければ、これなし」、あるいは「Pなければ、Qなし」ともいう。今回の例でいえば、たしかに、ワカメちゃんがお店で足をすべらせて、ケチャップなどをその男のシャツやスーツにつけなければ、商談が成立していたかもしれない。少なくとも、その女性からフラれることはなかったのかもしれない。今回の件ではそれ自体も、よくわからないけどね。

というと、たとえば、あれですか。車にはねられた被害者が、病院に運ばれた。しかし、運ばれた先の病院で、今度は医療ミスが起きた。それで、亡くなってしまった……、みたいな場合ですか？

そういう例が、わかりやすいだろう。その例では、たしかに、加害者が車で被害者をひく事故を起こさなければ、その被害者は亡くならなかったといえる。条件関係はある、ということだ。しかし、そうした死亡の結果について、車を運転していた人に**不法行為責任**《ふほうこういせきにん》を問えるかというと……。

「あれなければ、これなし」の条件関係だけでは、問えないということですね。

そういうことだ。因果関係は、ある結果について、損害賠償金の支払という、法律上の「責任」を負《お》わせてもよいかどうかを判断する概念といえる。ある行為がなければ、ある結果が生じなかったといえる「条件関係」はあったとしても、その結果が生じるまでに、別の要因《よういん》が介在《かいざい》して結果が起きている可能性もあるからね。過失があるからといって、その後に起きたすべてのことに責任を負わせるのは……。

酷《こく》かもしれません。それで、相当因果関係が必要になるのですね。因果関係については、民法だけでなく、刑法でも問題になりますか？

そうだね。この前は、「**故意責任**《こいせきにん》」について少し話したけど、「**結果責任**《けっかせきにん》」については、因果関係を見ることになるよ。

結果に対する責任、ということですね。うわっ、面白そう！　早く法学部に入って、法律の勉強がしたいです。

「不法行為《ふほうこうい》に基づく損害賠償請求《そんがいばいしょうせいきゅう》は、因果関係《いんがかんけい》のない損害についてはできません」

■第11話で押さえておきたい法律用語

不法行為／損害賠償責任／条件関係／因果関係／相当因果関係／使用者責任／逸失利益／債務不履行

■解説

不法行為に基づく損害賠償請求は、**故意《こい》**または**過失《かしつ》**により、**他人の権利を侵害《しんがい》**した者に、これによって生じた損害を賠償させるものでした（第8話、第10話参照）。また、こうして生じる「**不法行為責任**」は、加害者《かがいしゃ》が被害者《ひがいしゃ》に対して生じさせた損害を、金銭《きんせん》で賠償することが求められるものでした（第10話参照）。

本書は、これまで「もしも高校生のわたしに『法律用語』が使えたら？」という視点で、法学を学んだことがない方に向けて、法学の超基本を説明してきましたが、本書で繰り返し登場する「**不法行為**」については、ここで少し詳細《しょうさい》な説明をしておきましょう。

不法行為責任が成立するためには、加害者に故意または過失があり、これによって被害者に損害が生じたことが必要です。ということは、これを分解すると、①**加害者に故意または過失があったこと**、②**被害者に損害が生じたこと**、だけではなく、③**両者の間の「因果関係」（①故意または過失によって、②損害が生じたといえること）**も必要になる、ということです。

これまで紹介してきたケース（法律問題）では、この「因果関係」があるといえるかが問題になるようなものはありませんでしたが、今回のアメリカンドッグのお店にやってきた一部が赤髪《あかがみ》の男（以下、「赤髪の男」）のクレームには、因果関係があるかどうか、という問題が含まれていました。

ジャスティン教授が指摘していたように、**条件関係**（あれなければ、これなし）があるだけでは足りず、法律上の責任を問うことが相当といえる（そのような故意または過失から、通常そのような損害が生じることが相当といえる）**因果関係**が必要になります。

因果関係がどの程度のものまで求められるかについては、民法の不法行為に限らず、刑法の犯罪の成立でも議論されます。本書では、「**相当な因果関係**」が必要であることを押《お》さえておけばよいです（**相当《そうとう》因果関係説《いんがかんけいせつ》**）。

次に、赤髪の男が主張する「**損害**」は、3つありました。

1つめは、スーツとシャツについたケチャップとマスタードのしみについてのクリーニング代です。これは、アルバイトをしていた店員であるワカメが足をすべらせたという過失（不注意）によって生じた損害といえます。よって、問題なく因果関係が認められます。実際、すでに、その日に店長がクリーニング代を渡したということです。この点についての損害賠償責任は、すでに果《は》たされていました。

2つめは、商談《しょうだん》の破談《はだん》で、1億円の損失が生じたという主張です。これは、そもそも、商談が破談したことや、それによって1億円の損失が赤髪の男に生じたことなどが、事実であるのかを確認することができていません。こうした「損害」の具体的な内容については、不法行為に基づく損害賠償を請求する側（被害者）に、その**立証《りっしょう》**が求められます（立証責任《りっしょうせきにん》の詳細は、第12話参照）。つまり、赤髪の男が、商談が破談になり自分に1億円の損失が生じたことを立証する必要があります。

しかし、そもそも赤髪の男が個人事業を営んでいたのかもわかりませんし（会社が契約を逃したのであれば、その損失は会社に生じたもので、会社に勤める担当者個人に生じた損害とはいえないでしょう)、1億円の根拠も示されていません。

このように、お店で働く人の立場で考えると、こちらに落度《おちど》(過失《かしつ》)がある場合でも、相手の主張する損害については、その根拠を示してもらうなどの慎重な対応が本来は必要です。単に、ふっかけられている、ということが実際には多いと思われるからです。

また仮に、そうした商談の破談による1億円の損失という損害が、自営業者であった赤髪の男に生じたことが立証されたとしても、その損害と、足をすべらせてケチャップとマスタードをスーツやシャツにつけてしまったという過失行為との間に、相当な因果関係があるかについては、疑問といわざるを得ないでしょう。

そもそも、リモートの会議だったようですし、なぜ服のしみが商談の破談につながったのか不明でしょう。そのような説明は、赤髪の男からは何もされていませんでした。

そして、1億円の損害という主張ですが、商談が成立していれば得られたであろう利益であると考えられます。このような、「得べかりし利益」(得《う》ることができたはずの利益)のことを、取り逃がしてしまった利益という意味で、「**逸失利益**《いっしつりえき》」といいます。

この点で、1億円については、それが事実であったとしても、そもそも賠償すべき「損害」といえるかどうかが問題になります。逸失利益は、過失行為をしてしまった加害者にとっては、そのような損害まで相手に生じるものかどうかがわからないことが多いからです。

こうした問題は、「損害の範囲」として、民法で議論されています。過失行為から通常生じる損害といえるか、「特別な事情」が介在《かいざい》して生じた損害の場合、そのことを予測することができたかなどが考慮されることになります(契約違反をしてしまった場合に適用される損害についての民法の規定が、不法行為についても同じように適用されることになります）。

3つめについては、そもそも財産的な損害を与えたものではありません。不法行為についていては、相手に与えた精神的苦痛についても賠償する責任が生じます。いわゆる**慰謝料**《いしゃりょう》ですが、ケチャップとマスタードをアルバイトの店員が誤ってスーツやシャツにつけてしまったことと、その翌日にその場にいた交際相手からフラれることとの間には、相当な因果関係があるとは思えません。

もちろん、男女の仲は、何がきっかけで破談するかわかりませんし、人の感情が働くものです。「あれなければ、これなし」の**条件関係**はあったのかもしれません。しかし、少なくとも、その場で誠実な対応をお店がしていたのですから、その後の男女の仲についてまで、お店が問われるべき責任はないでしょう。

最後に、不法行為については、従業員やアルバイトで雇われている人が起こした過失であっても（**被**《ひ》**用者**《ようしゃ》の起こした不法行為であっても）、その「**使用**《しよう》**者**《しゃ》」（会社など）が責任を負《お》うことになります。使用者は、従業員等の被用者をいわば手足として使って利益を得ている以上、そうした手足によって生じた損失についても負担《ふたん》すべきという考え方になります（**報償責任**《ほうしょうせきにん》）。

こうした考え方に基づき、民法は「**使用者責任**《しようしゃせきにん》」という規定を定めています。従業員などが職務《しょくむ》を行っている間に（あるいは相手にそう見える行為をしている間に）第三者に与えた損害については、原則として使用者も責任を負うのです。

アルバイトとして採用されていたワカメの不注意で生じた今回の例についても、クリーニング代（損害賠償金）をお店（カフェ）が支払ったのは、この点からも適切であったことになります。

なお、不法行為責任は、契約関係がなくても問えるものですが、お店と赤髪の男との間には、飲食サービスについての契約があったともいえます。これについては、注文された飲食の提供と、その対価《たいか》である代金の支払によって、それぞれ行うべき「**債務**《さいむ》」（義務）の履行《りこう》はされています。他方で、飲食を提供するお店としては、債務を履行する（飲食サービスを提供する）際、その履行を行うために使用するアルバイト（**履行補助者**《りこうほじょしゃ》）が、相手（**債権者**《さいけんしゃ》）に損害を与えないよう注意をすべき付随的《ふずいてき》な義務も負《お》っているということもできます。これを「**付随義務**《ふずいぎむ》」といいます。

このように考えると、本件は「**債務不履行**《さいむふりこう》」としての責任追及《せきにんついきゅう》を、赤髪の男がお店に問うことも考えられました。もっとも、赤髪の男は、どこかで得た知識で不法行為責任の追及を選択していたようです。複数の責任を追及し得る場合、どちらを法律の根拠として用いるかについては、当事者の選択に委ねられます。

立証責任の観点からは、**不法行為責任については被害者が立証責任を負う**ものだったのに対し、債務不履行は契約関係を前提にするため、異なる部分があります。こうした「債務不履行」（債務不履行責任）については、初めて法学を学ぶ方に「法律用語」の超基本のみを対象に扱《あつか》う本書では、そのような制度があることの紹介のみでとどめることにしたいと思います。

この解説に関連する法律の条文を、最後に挙げておきます。これまでの解説の根拠になる規定です。法律の条文を実際に読んでみたい方は、ぜひ確認してみてください。

◉民法

（債務《さいむ》不履行《ふりこう》による損害賠償《そんがいばいしょう》）

第四百十五条　債務者《さいむしゃ》がその債務の本旨《ほんし》に従《したが》った履行をしないとき又《また》は債務の履行が不能《ふのう》であるときは、債権者は、これによって生じた損害の賠償を請求することができる。ただし、その債務の不履行が契約その他の債務の発生原因及《およ》び取引上《とりひきじょう》の社会通《しゃかいつう》念《ねん》に照《て》らして債務者の責《せ》めに帰《き》することができない事由《じゆう》によるものであるときは、この限《かぎ》りでない。

2　前項《ぜんこう》の規定《きてい》により損害賠償の請求をすることができる場合において、債権者は、次に掲《かか》げるときは、債務の履行に代《か》わる損害賠償の請求をすることができる。

一　債務の履行が不能であるとき。

二　債務者がその債務の履行を拒絶《きょぜつ》する意思《いし》を明確に表示《ひょうじ》したとき。

三　債務が契約によって生《しょう》じたものである場合において、その契約が解除《かいじょ》され、又は債務の不履行による契約の解除権が発生したとき。

（損害賠償の範囲）

第四百十六条　債務の不履行に対する損害賠償の請求は、これによって通常《つうじょう》生ずべき損害の賠償をさせることをその目的とする。

2　特別の事情によって生じた損害であっても、当事者がその事情を予見《よけん》すべきであったときは、債権者は、その賠償を請求することができる。

（不法行為《ふほうこうい》による損害賠償）

第七百九条　故意《こい》又《また》は過失《かしつ》によって他人の権利又は法律上保護される利益を侵害《しんがい》した者は、これによって生じた損害を賠償する責任を負《お》う。

（使用者等《しようしゃとう》の責任）

第七百十五条　ある事業《じぎょう》のために他人を使用する者は、被用者《ひようしゃ》がその事業の執行《しっこう》について第三者《だいさんしゃ》に加《くわ》えた損害を賠償する責任を負う。ただし、使用者が被用者の選任及びその事業の監督《かんとく》について相当《そうとう》の注意をしたとき、又は相当の注意をしても損害が生ずべきであったときは、この限りでない。

（略）

第12話

「証拠はあるのか？」っていうけど、
証拠がないと助けてもらえないの？

「立証責任《りっしょうせきにん》は、あなたにあります！」

シーン❶ T地方裁判所の傍聴席《ぼうちょうせき》から

「ご起立《きりつ》ください」

ジュリは、その声を耳にすると同時に起立し、すぐに着席《ちゃくせき》をした。目の前の裁判所の法廷《ほうてい》に、黒い服を身にまとった裁判官がやってきて、正面上段《しょうめんじょうだん》の席に座《すわ》った。

「それでは、開廷《かいてい》します」

裁判官の名前は、助蹴《たすける》さんだったかな……。ジュリは、この法廷《ほうてい》の傍聴席に入る前に、T地方裁判所の廊下《ろうか》の入口ドア付近《ふきん》に掲示《けいじ》されていた「開廷表《かいていひょう》」で、担当《たんとう》裁判官の名前を確認したことを思い出す。

傍聴席には、ジュリのほかに、ユッコ、ケン、さらにはワカメ、トビタ、そしてキンパツまでもが座っている。傍聴しにきた裁判は、この前のアメリカンドッグの事件である。結局、あの赤髪《あかがみ》の男が民事訴訟《みんじそしょう》をお店に対して起こし、今日は店員のワカメの証人尋問《しょうにんじんもん》が行われるのだ。

ワカメが証人尋問を受ける事件の裁判は、開廷表によれば4番目であった。その前に、3件の別の民事裁判がある。民事裁判はそのまま続けて行われるので、病院の待合室《まちあいしつ》のように、後続《こうぞく》の事件の関係者も傍聴席で待っている。

「それでは、原告代理人《げんこくだいりにん》、第1準備書面を陳述《ちんじゅつ》しますか？」と、裁判官がいった。

「はい、陳述いたします」と、向かって左側の当事者席に座る弁護士が一瞬だけ立ち上がり声を発した。グレーのスーツに、銀色の弁護士バッジが光っている。

「では、被告《ひこく》代理人は、次回これに反論の書面を出しますね？」

「はい」と、今度は向かって右側の当事者席に座る弁護士が立ち上がり、答えた。

「では、次回ですが……」

えっ、もう終わり？　静寂《せいじゃく》に包《つつ》まれたT地方裁判所の法廷で、声を出すことはできない。

ジュリは、民事裁判は書面の交換なのですぐに終わる、という情報を今回の傍聴の前に入手《にゅうしゅ》していた。しかし、予想以上に短くて驚いた。右を向くと、順番の近づくワカメが緊張した表情を浮かべている。

「それでは、次の事件に移ります。関係者の方は、中にお入りください」という声が聞こえてきた。

えっ、もう次の事件！　ジュリは仕草《しぐさ》でとなりのユッコに伝えようとしたが、ユッコは向かって右側の当事者席を凝視《ぎょうし》し、こちらには目もくれない。

ん？　何かあるの？　ジュリが、ユッコが凝視する右側の当事者席を見ると、どこかで見たことのある男性が傍聴席と法廷をつなぐ開閉式《かいへいしき》の柵《さく》を開けて中に入ると、被告側の当事者席の奥から2番目に座ろうとしている姿を見つけた。頭がボサボサの男であるが、後ろ姿で顔が見えないので、誰なのかわからない。

ユッコの知っている人なのかな……？

事件の入れ替わりの時間で、少し法廷がざわつき始めた。後ろを振り返ると、いつの間にか、傍聴席が満席になっていた。

「三百《さんびゃく》先生、この事件もなんだ」と、ワカメがぼそっというのが聞こえた。

「それ、ワカメが証人の練習をさせられた弁護士の人かよお」と、ワカメのとなりのトビタがつぶやいた。

ああ、三百先生は、訴《うった》えられたお店の代理人をしている弁護士さんか。でも、どこかで聞いたことがある名前？？　あっ！

「そうなの。ジュリ、じつは、うちのパパ、また訴えられたんだよね……」

今度はとなりのユッコが、小声で教えてくれた。

そうか！　被告席に座ろうとしていた、あの男性はユッコのパパだったんだ。家で会うときと違ってスーツを着てたからわからなかったけど、作家の伊鵜田計《いうだけい》が訴えられた事件だから、傍聴人がたくさんいるということか！

開廷表に記載されていた今日の事件の当事者欄には、そういえば「山下筆男《ふでお》」って、どこかで見たことある名前だなと思っていたけど、あれ、ユッコのお父さんの実名《じつめい》だった。考えてみたら、訴えた人もどこかで見た名前だったかも。うーん、で、訴えた人は？？？

シーン❷ 再び始まる別の民事裁判とは……？

「事件番号×××。原告円回《えんかい》クロ、被告山下筆男」

廷吏《ていり》※の声が、法廷《ほうてい》に響《ひび》いた。

わわ！ また、あいつじゃない！ 解決したと思っていた、というか裁判でユッコのパパが勝ったと聞いていたはずの訴訟が、目の前で再び起きている。ジュリは混乱した。右どなりを見ると、ユッコがメモ用紙にペンで何かを書いている。

「あの自称法学部生。書店の窓ガラスにペンキを塗《ぬ》った容疑で、警察に逮捕された。それもうちのパパの週刊誌の記事が原因だって、慰謝料請求《いしゃりょうせいきゅう》の裁判をまた起こしてきた。ジュリには、いってなかったけど……」

※ 廷吏とは、裁判所で法廷の事務その他の雑務をする職員のことです。

そのメモを見たジュリは思わず、「うわっ」と声を出した。

すると、「傍聴人、静粛《せいしゅく》にしてください」と、裁判官からジュリは注意された。

そのやりとりで、ジュリの存在に気づいた原告本人（円回クロ）が、「おや、あのときの……。ちょうどいいです。傍聴席に証人がいるじゃない」というと、「裁判長、証人です。あの女子高生が証人です。これから尋問をしてください」と訴えた。

よく見ると、原告席は円回ひとりだけ座り、代理人の弁護士は座っていない。自分ひとりで民事裁判を起こしたのね……。って、ほんと、しつこい！ と、ジュリは思った。

「原告、いいですか。今日は第1回の口頭弁論期日《こうとうべんろんきじつ》です。まずは、訴状《そじょう》を陳述しますね？」

「ええ、陳述です。陳述」と、円回はいかにも法学部生っぽく、答えた。

「そして、被告代理人は、答弁書《とうべんしょ》を陳述しますね？」

「はい、陳述いたします」と、三百《さんびゃく》と呼ばれる弁護士が答えた。

「それで、次回ですが、原告の主張は証拠がまったくついていませんので、まずは逮捕された事実や、それと被告の書いた週刊誌の記事との間にどんな因果関係《いんがかんけい》があるのかなどを立証《りっしょう》してください。あと、前にも棄却《ききゃく》された同一当事者間《どういっとうじしゃかん》の裁判があるとのことで、被告からは判決書が提出されています。プライバシー侵害《しんがい》も、名誉棄損《めいよきそん》もないという判断で確定しているわけですが、同じ記事について問うわけですか？」

「……黄色いペンキを塗ったのは、正当防衛《せいとうぼうえい》でした。ですから……」

「法的な主張が果たしてできるのか、弁護士さんに相談されたほうがよいと思いますよ。あなただけでは、難しいのではないでしょうか」と、裁判官はアドバイスをした。

「ちょうど、ここに証人がいました。いますぐに、証人尋問をお願いします。ええ」

そういうと、円回は傍聴席にいるジュリを指《ゆび》さした。

「ちょっと、急にいわれても……」

「まだ、証人尋問の段階ではありません。事前の申請をしていただき、裁判所で採否《さいひ》を決定することになります。まずは、先ほどの件、よく弁護士さんに相談してみてください。難しければ、ご自分でやっていただくしかありませんが……」

こうして、円回クロが伊鵜田計に起こした、民事訴訟の第1回口頭弁論期日は終わった。

シーン❸ ワカメの証人尋問

「事件番号××××。原告　古代《こだい》クレイム、被告　株式会社アメカフェるとん」

廷吏《ていり》が事件番号と当事者名《とうじしゃめい》を呼び上《あ》げると、いよいよワカメの事件が始まった。ジュリは、ワカメのお店がその後、結局、訴えられたと聞いたときは、耳を疑った。ジャスティン先生との議論のとおり、裁判は通らないはずと考えていたからである。

しかし、ワカメに証人尋問があると聞き、この春からA大学の法学部進学を決めたメンバーで、せっかくの機会なので裁判の傍聴にきたのである。

パイロットを目指していたと思っていたケンも、あの公園の自転車トラブルをきっかけに、法学に興味を持ったようである。ユッコはそれに合わせてというか、もともと航空会社のCA《シーエー》への就職も多いA大学を考えていたようで、ケンと同じA大学の法学部を受験して合格した。

ジャスティン教授が法科大学院《ロースクール》で教鞭《きょうべん》をとるA大学の法学部は、ジュリにとって、もともと第1志望だった。気がつけば、同じ高校のワカメもトビタも、そしてキンパツも、A大学法学部に進路を決めていた。

来月からの大学生活では、トラブルもありながら結局仲よくなった、このいつメンで学生生活を過ごすことになる。

そんなことをジュリが考えているうちに、証人としてワカメは法廷《ほうてい》の中に呼ばれ、宣誓《せんせい》を始めた。

「宣誓。良心《りょうしん》に従《したが》って真実《しんじつ》を述《の》べ、何事《なにごと》も隠《かく》さず、偽《いつわ》りを述《の》べないことを誓《ちか》います」

ワカメが、宣誓文《せんせいぶん》を読み上げた。

おおー。なんだか、ワカメちゃん、かっこいいかも！

法廷の左側を見ると、赤髪の男がひとり原告席に座り、パソコンを見ている。

ああ、この人も、弁護士さんをつけてないんだ。ジュリは、裁判では弁護士をつけるのが当然だと思っていた。しかし、弁護士をつけない本人の裁判も、意外と多いのかもしれない。

それにしても、さっきの事件といい、この事件といい、ずいぶんと不当《ふとう》な主張に思える。こんな内容でも、訴えられたら始まってしまうのが、民事裁判の現実なのだろうか？

この法廷では、先ほどの「円回クロ（原告）ＶＳ伊鵜田計（被告）」の事件も、「古代クレイム（原告）ＶＳ株式会社アメカフェるとん」の事件も、民事裁判を起こされた被告側の代理人が正義《せいぎ》を守っているように見える。

三百弁護士は、今日のこの民事部の法廷だけで、２つの事件の代理人をしている。

いつか自分も、三百弁護士のようなバッジをつけて法廷に立ち、誰かを守るため、正義を守るため……何かと戦ってゆく。そんな法《ほう》の担《にな》い手《て》に、わたしもなれるだろうか。

ワカメの証人尋問が終わると、春から同じ大学に通学する仲間とともに、ジュリは傍聴席をあとにした。T裁判所の外では、咲《さ》き始めた桜《さくら》が水色《みずいろ》の空にあふれている。

それにしても、「最後に何かありますか？」という裁判官からの質問に対して、ワカメちゃんが「**立証責任**《りっしょうせきにん》**は、あなたにあります！**」と、赤髪の男を睨《にら》みつけたの、かっこよかったなあ。ジュリは、今日の法廷傍聴を振り返った。

いよいよ来月からジュリは大学生になり、法を学ぶことになる。そこには、どんなことが待ち受けているのだろう？

勉強は大変かもしれない。単位をとるのに、苦労をするかもしれない。

「そうだ」と、ジュリは5人の仲間にいった。「わたし、これからジャスティン先生のところに行こうと思う。本人だけでする裁判って多いのかな……とか、いろいろ疑問がわいてきて。あれ？　もしかして……みんなも、行きたい？」

ジュリはスマホを耳にあてると、「先生、今日はちょっと多めですけど、いいですか？」と確認した。

（了）

ジャスティン教授の法律アドバイス⑫

民事裁判《みんじさいばん》の傍聴《ぼうちょう》、面白かったです。

ワカメちゃんの**証人尋問**《しょうにんじんもん》が、よい契機《けいき》になったようだね。裁判の傍聴は、民事だけでなく、刑事《けいじ》も見ておくといい。大学に入学してからでもよいが。

はい。刑事裁判のほうがわかりやすい、面白いといわれていますが、民事裁判は書面《しょめん》の交換で終わるので、傍聴しても面白くない、という情報はありました。

民事裁判は、**口頭弁論期日**《こうとうべんろんきじつ》の積《つ》み重《かさ》ねだ。主張の内容は、民事裁判を起こす原告が最初に提出する「**訴状**《そじょう》」、訴えを起こされた被告が訴状に対する応答を作成して提出する「**答**《とう》**弁書**《べんしょ》」に記載される。それ以降は原告・被告とも、それぞれが主張と反論を「準備書面」に記載して提出する。それらを「**陳述**《ちんじゅつ》」した形にすることで、民事裁判の期日《きじつ》は進んでいくからね。

「陳述しますか？」「はい、します」みたいなやりとりが、裁判官と代理人の弁護士の方との間でされていました。「**陳述します**」というのは、提出した書面を読んだことにする、

という意味ですか？

そうだね。民事裁判で問題になる、さまざまな法律論や事実関係は書面に記載されたものを読むほうが、裁判官にとっても、原告・被告という当事者にとっても、効率的で正確だ。いきなり口頭《こうとう》で話されても、正確な理解は難しいだろう。記録にも、残らない。それで、実際には「**書面主義**」になっている。

それで、口頭弁論といいながら、書面の交換をするだけになるのですね。それで、すぐに「次回期日は、いつにしましょう？」という日程調整でした。

陳述のやりとりを見ておくことも、法学部に入って**民事訴訟**《みんじそしょう》を勉強するときには役立つ。一般の人にはよくわからないだろう。民事裁判でも、ワカメちゃんのような証人尋問の場合は、別だが。

はい。身近な友達の尋問だから、というだけじゃなくて、手に汗握《あせにぎ》りました。法廷《ほうてい》で関係者から尋問された証人が答えるシーンは、迫真的《はくしんてき》でした。あの尋問の順番は、決まっているのですか？

証人尋問を行うためには、「その証人を尋問してください」という当事者からの申請が必要になる。

ああ、それでなんですね！　いきなり、傍聴しているわたしを証人にして尋問したいと、別の事件で自称法学部生の円回《えんかい》クロが申し出たのですが、裁判官は、〝それは、いまはできないです〟というようなことをいっていました。〝事前に申請すれば、裁判所が採用するかを決めます〟といった説明がありました。

申請のあった証人は、必ず尋問されるわけではない。申請のあった証人に尋問をする必要があるかどうかは、裁判所が判断するんだ。証人として採用されると、**証拠調《しょうこしら》べ**の手続として、**尋問期日《じんもんきじつ》**が指定される。

そうして、ワカメちゃんの証人尋問があったわけですね。

尋問は、申請をした当事者の側から始める。これを**主尋問《しゅじんもん》**というよ。

ああ、たしかにそういう順番でした。最初に、ワカメちゃんを証人として申請した被告代理人の三百弁護士が尋問をしていました。そのあと……。

今度は、**反対尋問《はんたいじんもん》**になる。逆の立場の当事者の側で、主尋問の内容を踏まえ、証言《しょうげん》の信用性《しんようせい》に疑問を投げかける尋問をすることになる。

反対尋問ですね。テレビのドラマとかでは、かっこいいのを見たことがあります！　ところが……、相手は弁護士さんを立てないで、本人で裁判を起こした赤髪《あかがみ》の原告本人だったので、尋問がめちゃくちゃ……と、裁判官に注意されていました。

民事裁判では、弁護士をつけないで訴訟を起こす人もそれなりの数はいる。そうした訴訟を、**本人《ほんにん》訴訟《そしょう》**という。民事裁判は、**民事訴訟法**という法律のルールに基づき行われる。

本人訴訟では、よく裁判官が「弁護士さんをつけたらどうですか？」と促《うなが》している。

まさに、そんな感じでした！　それで、最後に証人のワカメちゃんが、「**立証責任《りっしょうせきにん》は、あなたにあります！**」と述べたんです。かっこよかったです。

証人は体験した経験に基づき、事実を述べる役割だ。そのような法律上の主張をする発言は、本来求められていない。ワカメちゃんも法学部進学に向け、勉強したんだろう。それで、述べてみたくなったのかもしれない。

はい！　わたしたち、みんなで先生がロースクールで教えられている大学の法学部に行く予定なんですよー。

それは楽しみだ。さて、**不法行為《ふほうこうい》に基づく損害賠償責任《そんがいばいしょうせきにん》**が成立するためには、**因果関係《いんがかんけい》**も必要だったことは、覚えているかな？

はい。不法行為は、結構《けっこう》、慣れてきました。

大学に入ったら、民事訴訟法という科目で勉強することになると思うが、不法行為が成立することについて、裁判では**立証**が必要になる。証拠を提出して、そのような事実がたしかにあったということを証明することだ。

その責任が、不法行為をされた被害者の側にあるんですよね？

よく勉強しているね。この前の本かな。

はい。そうすると、自分が被害者だと主張する原告の赤髪の男……。古代《こだい》クレイムという名前でした。その古代が、受けたと主張する損害の内容とワカメちゃんの過失行為との間の因果関係について、立証責任を負《お》っていることになりますか？

そうなるだろう。不法行為に基づく損害賠償請求をしているようだから。

そうすると、原告の古代のほうが証人の申請をしそうなものですよね。

その点も含めて、素人で裁判をやったものだから、わからなかったのだろう。それで弁護士がついている、訴えられた被告のアメリカンドッグのお店の側で、念のため、お店でのやりとりなどの状況を反証《はんしょう》しようとしたのかもしれない。

立証って、証明のことですよね。いまの例はわかりますけど、実際には、なんだか、難しそうです。

そのあたりのことは、大学に入ってから**民訴**《みんそ》で勉強するといい。

民事訴訟法を略《りゃく》して、ミンソですか？

そうだ。刑事裁判を定めた法律になる刑事訴訟法は略して、**刑訴**《けいそ》という。

ミンソに、ケイソ！　法学部生になったような、気分になってきました。法学部といえば、もう1つの、自称法学部生の円回《えんかい》クロがユッコのパパを訴えた事件は、2回目だったようです。それでも、もう一度、裁判をするのですか？

民事訴訟法という法律では、「**二重起訴**《にじゅうきそ》」といって、同じ原告が同じ被告に対して、まったく同じ事件で、裁判を起こすことは禁止されている。これを、「**二重起訴禁止の原則**」というよ。

たしかに、ふつうはしないでしょうけど、たくさん同じ事件で同じ被告に訴えを提起する原告がいたら……、困りますよね。

そうだよね。

ただ、今回は、前の事件では判決も出ていたようです……。すでに円回は裁判で負けた判決があったのに、また訴《うった》えを提起するのは、その原則に違反するのですか？

二重起訴の禁止は、無益《むえき》な紛争《ふんそう》を防止するルールだ。相手も裁判所も、困るからね。しかし、同じ当事者同士であっても、事件の内容が異なるのであれば「二重起訴」にはあたらず、この原則に違反しない場合もある。

今回は、前に先生に助けてもらった、あの黄色のペンキ事件で警察に逮捕《たいほ》されたことによる損害を主張していたようです。

ずいぶんと、自分に都合《つごう》のよい主張だ。

あいかわらず、妄想《もうそう》のようなこともいってました……。

すでに最初の訴訟で判決が出て、確定していたのだとすると、その確定した**判決の効力**《こうりょく》が及《およ》ぶことになる。確定判決の効力を理由に、円回の請求は退《しりぞ》けられることになるかもしれない。その場合でも、判決後の事実の変動があったのかどうかは、見られることになる。

民訴には、いろいろな制度があるんですね。いまのわたしには、まだよくわからないですが……。

いまから、そこまでわかる必要はない。ところで、アメリカンドッグのお店にクレームを述べ、お店に訴えを提起したのは、赤髪の……、古代《こだい》クレイムだったかな。

はい。そっちは、古代さんです。

法律には答えがあるようで、絶対の答えはない。

えっ？　そうなんですか。

同じ事件でも、裁判官によって異なる判決が下ることはあるからね。第1審《だいいっしん》では原告が勝訴《しょうそ》したけど、第2審《だいにしん》では逆転して、被告が勝訴するといったようにね。

あっ、たしかに、ニュースでも、そういうの聞きます。無罪判決《むざいはんけつ》が覆《くつがえ》って、重い判決が下されたり……、その逆もありますよね。

そうだ。だからこそ、裁判は間違えがないように、原則として**三審制**《さんしんせい》が採用されている。

別の裁判官にも見てもらう機会が、裁判の当事者には保障されている。１つの裁判があれば、**正義**《せいぎ》は１つではない。見方によって、正義は複数ある。

原告から見た正義、そして、被告から見た正義……。

だから、法律をどのように使うかが重要になる。その専門家が弁護士だから、裁判では弁護士をつけることが大事になる。

わたしは三百《さんびゃく》弁護士しか馴染《なじ》みがありませんが、弁護士さんによっても、裁判のやり方とか違うのでしょうか？

単に法律の知識を得るだけではなく、それを実際に的確に使えるようになるためには、トレーニングも必要になる。法律家になるには、年数と経験が求められる。

そうか！　時間をかけることは、よいことなんですね！　できるかわかりませんが、がんばってみたいと思います！　法律の勉強！

大変なときもあるかもしれない。夢に向かって、めげずにがんばってもらいたい。そして、最後は……。

最後は？

最後は「**常識的な結論**」が、求められるだろう。そのことも、心にとめておいてほしい。

常識……ですか。いわれてみれば、身近に起きたトラブルにある「正義」は、自分の常識のような感覚から導かれていたような気がします。

もちろん、多くの人が賛同《さんどう》するような、あるいは誰もが通常はそう考えるような、わかりやすい常識もある。他方で、議論が真《ま》っ二《ぷた》つに分かれるような、「**価値判断**」次第で、複数の常識があるような場合もあるだろう。

はい！　人間ドラマですね！

それに深い興味を持てるのなら、法学に向いているかもしれない。応援しているよ。

「立証責任《りっしょうせきにん》は、あなたにあります！」

■第12話で押さえておきたい法律用語

民事裁判／口頭弁論／書面主義／訴状と答弁書／証人尋問／立証責任／二重起訴の禁止

■解説

裁判《さいばん》には、大別すると、「**民事《みんじ》裁判**」と「**刑事《けいじ》裁判**」の2つがあります。

民事裁判は、お金の支払などを求めるような**私人《しじん》**(**市民《しみん》**)**同士《どうし》の争い**です。訴《うった》えを提起《ていき》する「**原告《げんこく》**」がいて、訴えを提起される「**被告《ひこく》**」がいて成り立ちます（**二当事者対立《にとうじしゃたいりつ》の原則**）。その審理《しんり》をするのは、裁判官になります。

これに対して、刑事裁判は、**犯罪《はんざい》**と**刑罰《けいばつ》**を審理するものです。検察官《けんさつかん》が罪《つみ》を犯《おか》したと疑《うたが》う**被疑者《ひぎしゃ》（容《よう》疑者《ぎしゃ》）**を刑事裁判の**被告人《にん》**として**起訴《きそ》**します。起訴された被告人が有罪《ゆうざい》かどうかを判断する手続になります。もちろん、民事裁判と同様に裁判官がいます。

刑事裁判では、有罪か無罪《むざい》か、有罪の場合には、どのような刑罰を科《か》すべきかを裁判官は審理します。

こうした裁判の手続については、それぞれ「**民事訴訟法（民訴法《みんそほう》）**」、「**刑事訴訟法（刑訴法《けいそほう》）**」に定められています。裁判に関する法律は、学習対象としては、「**裁判法《さいばんほう》**」「**訴訟法《そしょうほう》**」などと呼ばれることもあります。しかし、物語の中に登場したような法廷《ほうてい》のシーンがイメージできないと、わかりにくいものが多いです。この点で、裁判の傍聴《ぼうちょう》をすることが「訴訟法」を理解するコツであるといわれています。

ジュリは、さまざまな民事裁判を傍聴しました。そこで行われていたのは、原告と被告のそれぞれが主張書面を裁判所に提出して「**陳述《ちんじゅつ》**」をする「**口頭弁論《こうとうべんろん》**」でした。口頭で弁論するような字面《じづら》ですが、実際にはジャスティン教授のいうように、「**書面主《しょめんしゅ》**

義《ぎ》」になっているのが、民事裁判の現状です。

それには、意味があります。文書であれば、主張内容を正確に記述することができます。途中《とちゅう》で異《い》動《どう》により交替《こうたい》する可能性のある裁判官を含《ふく》め、当事《とうじ》者双方《しゃそうほう》、そしてその代理人である弁護士にも、いつでも読解《どっかい》することが可能です。判決に対して、敗訴《はいそ》した当事者は、その不服《ふふく》を申立《もうした》てることができます。第1審判決に対しては「**控訴**《こうそ》」をすることができ、第2審（控訴審《こうそしん》）判決に対しては「**上告**《じょうこく》」をすることができます。

同じ事件について、別の裁判所の裁判官が訴訟記録を読むことになりますが、これも書面で主張がされているからこそ、可能になります。

こうして、民事裁判では「口頭弁論」という手続で審理が行われるものの、実際には便利な書面が活用されている、ということになります。

具体的には、訴えを提起する際、原告は「**訴**《そ》**状**《じょう》」を作成して裁判所に提出します。訴状は訴えを提起された被告にも、「**送達**《そうたつ》」という手続で送り届けられます。これに応答する書面として「**答弁**《とうべん》**書**《しょ》」を、被告が作成して第1回の口頭弁論期日までに提出します。第1回口頭弁論期日では、原告は訴状を陳述し、被告は答弁書を陳述するのが通常です。その後は、原告も被告も「**準備書面**《じゅんびしょめん》」というタイトルの書面で、主張や反論を提出します。

主張は民法などの法律の規定を前提に行うものですが、そのベースにはその事件において実際に起きた出来事を確定する必要があります。これを「**事実**《じじつ》**認定**《にんてい》」といいます。最終的には、判決文の中で裁判官が事実認定を行います。事実を認定するためには、当事者それぞれが、具体的な事実を基礎づける**証拠の提出**をすることが必要です。

実際に人が体験した記憶を述べてもらう必要がある場合には、当事者からの申請に基づき、その採否《さいひ》を裁判官が決定し、**尋問**《じんもん》が行われます。尋問は、事件の目撃証人《もくげきしょうにん》などのような第三者を「証人」として呼ぶことで行う場合と、当事者（原告・被告）本人に対して行う場合の2つがあります。前者《ぜんしゃ》を「**証《しょう》人尋問《にんじんもん》**」といい、後者《こうしゃ》を「**当事者尋問《とうじしゃじんもん》**」といいます。

事実認定は、証拠に基づき行われるのが原則です。そうすると、当事者から証拠が提出されないがために（自分が行っている主張を認めてもらうために必要な事実が認定されないために）、裁判で敗訴《はいそ》するリスクを負《お》うことも求められます。これが「**立証責《りっしょうせき》任《にん》**」です。立証責任は、**証明責任《しょうめいせきにん》**と呼ばれることもあり、自分が行っている主張が認められるために必要な事実を立証（証明）する責任を指しますが、現実には「立証ができない場合に、敗訴する」という**結果責任《けっかせきにん》**（敗訴責任《はいそせきにん》）を指します。

民事裁判は、本人が代理人をつけずに自分で訴訟活動を行うこともできます。これを「**本人訴訟《ほんにんそしょう》**」といいます。しかし、物語にあったように、専門性の高い法の適用場面になるのが、法廷です。弁護士を立てずに訴訟を行うことは、簡単ではありません。法《ほう》の担《にな》い手には、高度な専門性が求められます。そこで民事訴訟法では、当事者が自分の訴訟活動を代理人に委《ゆだ》ねる場合、弁護士であることが必要であると定められています（**弁護士代理の原則**）。

最後に、民事訴訟では誰でも自由に訴訟を起こすことができます（刑事裁判は、公益《こうえき》の代表者《だいひょうしゃ》である**検察官《けんさつかん》**が**起訴《きそ》**をするかしないかの権限を、原則として独占しています）。そこで、「**二重起訴《にじゅうきそ》の禁止**」といって、同一当事者間《どういつとうじしゃかん》で同じ事件について無駄《むだ》な訴訟が重ねて起こされないように、ルールが定められています。このルールは細かいので、本書では詳細《しょうさい》は省略しますが、物語のシーンのように過去にすでに判決で確定しているのに、再度《さいど》蒸《む》し返《かえ》しの訴えを提起する場合には、**確定判決の効力**（すでに判断をした拘束力《こうそくりょく》としての「**既判力《きはんりょく》**」）によって、同一の訴訟が退《しりぞ》けられる仕組みにもなっています。

この解説に関連する法律の条文を、最後に挙げておきます。これまでの解説の根拠になる規定です。

法律の条文を実際に読んでみたい方は、ぜひ確認してみてください。

◉民事訴訟法

（訴訟代理人《そしょうだいりにん》の資格）

第五十四条　法令《ほうれい》により裁判上《さいばんじょう》の行為をすることができる代理人のほか、弁護士でなければ訴訟代理人となることができない。ただし、簡易裁判所《かんいさいばんしょ》においては、その許可《きょか》を得て、弁護士でない者を訴訟代理人とすることができる。

（略）

（既判力《きはんりょく》の範囲）

第百十四条　確定判決《かくていはんけつ》は、主文《しゅぶん》に包含《ほうがん》するものに限《かぎ》り、既判力を有する。

（略）

（確定判決等の効力が及《およ》ぶ者の範囲）

第百十五条　確定判決は、次に掲《かか》げる者に対してその効力《こうりょく》を有する。

一　当事者

（略）

（訴《うった》え提起《ていき》の方式《ほうしき》）

第百三十四条　訴えの提起は、訴状《そじょう》を裁判所に提出してしなければならない。

2　訴状には、次に掲げる事項《じこう》を記載しなければならない。

一　当事者及び法定代理人

二　請求の趣旨《しゅし》及び原因

（訴状の送達《そうたつ》）

第百三十八条　訴状は、被告《ひこく》に送達しなければならない。

2　前条《ぜんじょう》の規定は、訴状の送達をすることができない場合（訴状の送達に必要な費用を予納《よのう》しない場合を含《ふく》む。）について準用する。

（口頭弁論《こうとうべんろん》期日《きじつ》の指定）

第百三十九条　訴《うった》えの提起《ていき》があったときは、裁判《さいばん》長《ちょう》は、口頭弁論の期日を指定し、当事者を呼《よ》び出さなければならない。

（重複《ちょうふく》する訴えの提起の禁止）

第百四十二条　裁判所に係属《けいぞく》する事件については、当事者は、更《さら》に訴えを提起することができない。

（裁判長の訴訟指揮権《そしょうしきけん》）

第百四十八条　口頭弁論は、裁判長が指揮する。

2　裁判長は、発言を許し、又はその命令に従わない者の発言を禁ずることができる。

（準備書面）

第百六十一条　口頭弁論は、書面で準備しなければならない。

2　準備書面には、次に掲げる事項を記載する。

一　攻撃又は防御の方法

二　相手方の請求及び攻撃又は防御の方法に対する陳述《ちんじゅつ》

（略）

（証拠の申出《もうしで》）

第百八十条　証拠の申出は、証明《しょうめい》すべき事実を特定してしなければならない。

2　証拠の申出は、期日前《きじつまえ》においてもすることができる。

（証拠調べを要《よう》しない場合）

第百八十一条　裁判所は、当事者が申し出た証拠で必要でないと認めるものは、取り調べることを要しない。

2　証拠調べについて不定期間《ふていきかん》の障害《しょうがい》があるときは、裁判所は、証拠調べをしないことができる。

（証人義務）

第百九十条　裁判所は、特別の定めがある場合を除《のぞ》き、何人でも証人として尋問することができる。

（宣誓《せんせい》）

第二百一条　証人には、特別の定めがある場合を除き、宣誓をさせなければならない。

2　十六歳未満の者又は宣誓の趣旨《しゅし》を理解することができない者を証人として尋問する場合には、宣誓をさせることができない。

（略）

（尋問《じんもん》の順序《じゅんじょ》）

第二百二条　証人《しょうにん》の尋問は、その尋問の申出《もうしで》をした当事者、他の当事者、裁判長の順序でする。

（略）

（当事者本人の尋問）

第二百七条　裁判所は、申立《もうした》てにより又は職権《しょっけん》で、当事者本人を尋問することができる。この場合においては、その当事者に宣誓をさせることができる。

（略）

（控訴《こうそ》をすることができる判決等）

第二百八十一条　控訴は、地方裁判所《ちほうさいばんしょ》が第一審《だいいっしん》としてした終局判決《しゅうきょくはんけつ》又は簡易裁判所の終局判決に対してすることができる。（略）

（上告《じょうこく》裁判所）

第三百十一条　上告は、高等裁判所《こうとうさいばんしょ》が第二審《だいにしん》又は第一審としてした終局判決に対しては最高裁判所に、地方裁判所が第二審としてした終局判決に対しては高等裁判所にすることができる。

（略）

◉刑事訴訟法

第二百四十七条 公訴《こうそ》は、検察官《けんさつかん》がこれを行う。

第二百四十八条 犯人の性格、年齢及び境遇《きょうぐう》、犯罪の軽重《けいちょう》及び情状《じょうじょう》並《なら》びに犯罪後の情況《じょうきょう》により訴追《そつい》を必要としないときは、公訴を提起しないことができる。

あとがき

主人公のジュリとその同級生は、ちょうど民法の定める成年年齢《せいねんねんれい》に達した人とそうでない人に分かれる、高校3年生でした。

成年年齢が20歳から18歳に引き下げられたのは、2022年（令和4年）4月からなので、記憶に新《あたら》しいと思います。特に、その年齢に近い読者の方やその保護者の方にとっては、社会の急速な変化に、戸惑《とまど》いすら感じた出来事だったかもしれません。

本書の舞台を、こうした微妙な年齢にあたる高校3年生の物語にした理由は、こうした法改正があったことだけではありません。

前作『もしも世界に法律がなかったら』では、中学生だった主人公のジュリですが、刊行から数年の時を経たことで、彼女が高校生になっている物語を書いてみたいと思ったのです。もっとも、前作は、法律のないif（イフ）の世界の物語を通じて、「六法」を学べるファンタジーでした。本書は、同じif（イフ）でも、「高校生に法律用語が使えたら」なので、フィクションではあっても、現実社会を舞台にしています。

かつては「つぶしが効《き》く」といわれていた法学部の人気が、国際系学部などにおされて揺らぐなか、弁護士資格などの強力な武器を得られることなどもあってか、女子には法学部志願者が増えているというニュースも、最近ありました。

物語の最後の章では、このニュースに重なるような、彼女たちの近未来が見え隠れしていたと思います。法学部出身で弁護士となり実務を経験した後に、法学者に転身した著者は、将来の日本の司法《しほう》を担《にな》うことになる高校生に期待をしています。

小説としての物語部分から言及《げんきゅう》をしましたが、本書は「法律用語」をテーマにしたビジネス書としての側面もあります。学生の方に限らず、法律を勉強してみたいと思われている大人の方にも、気軽に読んでいただける構成にしました。

物語は小説を読むように楽しみながら、次にジュリとジャスティン教授との会話で、法律用語を中心とした法学の基本を学べる、という形式です。

この部分まででも、十分に学びが得られるようにつくっています。特に、高校生や中学生、あるいは法学部ではない他学部の大学生の方などには、これまで知らなかった法律の世界を垣間《かいま》見ることができるでしょう。

加えて、法律用語をセリフとして使ってみる場面を示したことが、本書の特色の1つになっています。この発想は、英語などの外国語を学ぶ場合に、口に出して話せる1フレーズを学ぶといった切り口の本があると思うのですが、その法律用語版をつくってみようと考えたのです。入学後間《ま》もない法学部の学生によくいうことなのですが、法律は日本語で書かれているのに、実際には外国語のようなもので、それだけ口にすることも大事だからです。

ここまでのお話だけでは物足りないという大人の（学生ではない）読者の方には、さらに2段組みにした解説部分と参照条文の箇所があります。これらを読むことで、法律用語の知識や考え方を深く理解することが可能になるはずです。

最後に本書を刊行する機会をくださった日本実業出版社の皆様に、心より御礼申し上げます。前作に続き、やはり登場人物の多い物語を映像的に展開できたのは、斗真《とうま》なぎさんの素敵なイラストの数々のおかげです。

弁護士の仕事をするかたわら、『小説で読む民事訴訟法』（法学書院・2008年）を皮切りに、さまざまな法律小説（リーガル・ノヴェル）を書いてきた著者ですが、本書は、そのシリーズでもある『小説で読む租税法』（法学書院・2020年）以来、3年ぶりの創作になりました。

いわゆる法律書や法学入門書ではなく、高校生や中学生の方たちのような、法の世界をのぞいたこともない読者の方に向けた「物語」をつむぐことに、主眼を置きました。
会話や解説については、法学をすでに学び始めている方には物足りない部分や、「これはどうなんだろう？」と思われるところもあったかもしれません。

弁護士の山田重則先生、塚越幹夫先生、中川原弘恭先生に原稿を読んでいただき、いただいたコメントを踏まえた加筆修正を行いましたが、文責《ぶんせき》はもちろん著者にあります。お忙しい中、刊行前に本書の原稿を読んでいただいた三人に感謝です。

本書は、できる限り専門的な難《むずか》しい言葉を使うことを避けると同時に、法学の世界の雰《ふん》囲《い》気《き》を感じてもらうために書いた本でした。さらに詳《くわ》しく学びたいと思われた方は、次ページに掲載した参考文献などの専門書もありますので、そちらを読んでみてください。

本書をきっかけに、法の世界に興味を持っていただけたのであれば、嬉《うれ》しいです。最後までお読みくださり、ありがとうございました。

２０２３年６月

木《き》山《やま》泰《ひろ》嗣《つぐ》

参考文献

・芦部信喜＝高橋和之（補訂）『憲法〔第７版〕』（岩波書店、2019年）
・池田修＝前田雅英『刑事訴訟法講義〔第７版〕』（東京大学出版会、2022年）
・伊藤眞『民事訴訟法〔第７版〕』（有斐閣、2020年）
・伊藤正己『憲法〔第３版〕』（弘文堂、1995年）
・近江幸治『民法講義Ⅰ　民法総則〔第７版〕』（成文堂、2018年）
・近江幸治『民法講義Ⅱ　物権法〔第４版〕』（成文堂、2020年）
・近江幸治『民法講義Ⅳ　債権総論〔第４版〕』（成文堂、2020年）
・近江幸治『民法講義Ⅴ　契約法〔第４版〕』（成文堂、2022年）
・近江幸治『民法講義Ⅵ　事務管理・不当利得・不法行為〔第３版〕』（成文堂、2018年）
・木山泰嗣『小説で読む民事訴訟法』（法学書院、2008年）
・木山泰嗣『小説で読む民事訴訟法２』（法学書院、2012年）
・木山泰嗣『武器になる「法学」講座』（ソシム、2021年）
・小林秀之『民事訴訟法〔第２版〕』（新世社、2022年）
・佐久間毅『民法の基礎１　総則〔第５版〕』（有斐閣、2020年）
・佐藤幸治『日本国憲法論〔第２版〕』（成文堂、2020年）
・潮見佳男『民法（全）〔第３版〕』（有斐閣、2022年）
・新堂幸司『新民事訴訟法〔第６版〕』（弘文堂、2019年）
・藤田広美『講義 民事訴訟〔第３版〕』（東京大学出版会、2013年）
・前田雅英『刑法総論講義〔第７版〕』（東京大学出版会、2019年）
・前田雅英『刑法各論講義〔第７版〕』（東京大学出版会、2020年）

木山泰嗣（きやま　ひろつぐ）
1974年横浜生まれ。青山学院大学法学部教授（税法）。上智大学法学部法律学科を卒業後、旧司法試験に合格し、2003年に弁護士登録（第二東京弁護士会）。2015年から現職（実務家から法学者に転身）。専門の税法に関する著作のほかにも、高校時代に法律に興味をもったものの、わかりやすい本にめぐりあえなかった苦い経験から、法律を物語形式で解説するタイプの本（法律小説：リーガルノヴェル）の執筆も続けている。
著書に、『もしも世界に法律がなかったら』『教養としての「税法」入門』『教養としての「所得税法」入門』（以上、日本実業出版社）、『小説で読む民事訴訟法』（法学書院）、『憲法がしゃべった。』（すばる舎）、『武器になる「法学」講座』（ソシム）などがあり、単著の合計は本書で68冊。「むずかしいことを、わかりやすく」、そして「あきらめないこと」がモットー。
Twitter：kiyamahirotsugu

読《よ》むだけで法律《ほうりつ》に強《つよ》くなる12の物語《ものがたり》
もしも高校生《こうこうせい》のわたしに「法律用語《ほうりつようご》」が使《つか》えたら？
2023年８月１日　初版発行

著　者　木山泰嗣 ©H.Kiyama 2023
発行者　杉本淳一

発行所　株式会社日本実業出版社　東京都新宿区市谷本村町３−29 〒162-0845
編集部　☎03-3268-5651
営業部　☎03-3268-5161　振　替　00170−1−25349
https://www.njg.co.jp/

印　刷／壮　光　舎　　製　本／若林製本

ISBN 978-4-534-06028-0　Printed in JAPAN